म्रू

मू

महाश्वेता देवी

अनुवाद

सुशील गुप्ता

वाणी प्रकाशन

वाणी प्रकाशन

4695, 21-ए, दरियागंज, नयी दिल्ली 110 002

शाखा

अशोक राजपथ, पटना 800 004

फ़ोन: +91 11 23273167 फ़ैक्स: +91 11 23275710

www.vaniprakashan.in

vaniprakashan@gmail.com

MROO

by Mahashweta Devi

Translated by Sushil Gupta

ISBN : 978-93-5000-973-4

Novel

प्रथम संस्करण

मूल्य : ₹ 200

ओम ऑफ़सेट, दिल्ली-110093 में मुद्रित

वाणी प्रकाशन का लोगो मक़बूल फ़िदा हुसेन की कूची से

['म्रू' नाम पश्चिम बंगाल में, आदिवासियों के 38वें वर्ग में, एक नाम है। अब भी म्रू मौजूद हैं या नहीं, इस बारे में विशेषज्ञ लोग निरुत्तर हैं। इस कहानी का म्रू, कोई आदिवासी नहीं है। यहाँ म्रू का समार्थक शब्द 'आजकल विरल' है—**महाश्वेता देवी**]

1

3.9.1983

शाम को पार्टी के आह्वान पर, एक पूर्व-चुनाव मीटिंग होगी—इस आशय का साइक्लोस्टाइल किया हुआ एक पत्र, कोई कॉमरेड देवल राइ के नाम दे गया था। वह पत्र, मकान के दरवाज़े के नीचे से, कोई कमरे में डाल गया था। इस घर के दरवाज़ों के पल्ले ज़रा ठिगने हैं, इसलिए सदर दरवाज़े के पल्ले के नीचे भी इंच भर फाँक है। दो-एक बार तो उस फाँक से कमरे के अन्दर साँप तक घुस आता है। देवल राइ उर्फ कॉमरेड जी या मिलमास्टर साँपों को पूँछ से पकड़कर, तेज़ी से गोल-गोल घुमाते हुए, ज़ोर से पटक-पटकर मार डालता था और मरे हुए साँप को मालती द्वारा रोपे हुए नींबू के पेड़ की जड़ में गाड़ देता था। उसका भक्त, भगुआ, जो लम्बे अर्से से इस घर का हिस्सा बन चुका था, पहली-पहली बार तो घबरा गया था।

'ए हो मिलमास्टर! ए हो कॉमरेड! यह काम तुमने काहे किया?'

मिलमास्टर ने जवाब दिया, 'खाद बन जायेगा।'

असल में चिरिखेरा, उन दिनों काफी पिछड़ा हुआ गाँव था। स्वतंत्र जिला होना तो दूर की बात, उस स्टेशन तक को महत्त्व नहीं दिया जाता था। चिरिखेरा हॉल्ट में भोर पाँच बजे और शाम को पाँच बजे, ट्रेन आकर रुकती थी। भोर की ट्रेन से ए पी सी मिल के कुली-मजूदर उतरते थे और शाम को पाँच बजे, ट्रेन में सवार होकर चले जाते थे। वे लोग माधपुरा में उतरते थे और अपनी-अपनी बस्तियों में समा जाते थे। कहने को, माधपुरा भी कोई स्वतंत्र जिला नहीं था,

लेकिन बड़ा स्टेशन था। वहाँ से छोटी लाइन की ट्रेन पकड़ी जाती थी।

सन् 1950 में सब इसी तरह था। न टाउन, न गाँव, चिरिखेरा मिलटाउन था। रेल लाइन की पश्चिम तरफ, थोड़ी घनी आबादी थी! कुछेक मकान मिल मैनेजरों और अन्यान्य के लिए स्टाफ-क्वार्टर थे और शंकर बाबा का आश्रम था। यह शंकर बाबा सन् तीस के दशक में, आदिवासी भील और गोंड़ लोगों को शिव-महात्म्य समझाने के लिए अचानक प्रकट हुए थे। वह अंग्रेजी सरकार का ज़माना था। साधु बाबा की शुभ प्रचेष्टा में वे लोग भी शामिल थे, जो आवाज़ बुलंद करते थे—'दारू मत पीओ। नर्मदा मइया का पानी छोड़कर, दारु काहे पीते हो?' नतीजा यह हुआ कि जबलपुर में बैठे कमिश्नर को लगा कि यह ऐंटी मिशनरी घुसपैठ है। आदिवासियों को हिन्दू बनाने की कोशिश! और उसके दारू-विरोध से उसने अन्दाज़ा लगाया कि वह आदमी राजनीति कर रहा है। कमिश्नर साहब ने सच्चाई जानने के लिए जिस हिन्दू दारोग़ा को भेजा, वे जनाब शंकर बाबा के भक्त होकर लौट आये और उस आदमी के पक्ष में काफी सिफारिश भरी रिपोर्ट दी, क्योंकि दाढ़ी-मूँछ के जंगल में उन्होंने ख़ज़ाना लूटनेवाले डाकू, अपने चचेरे बड़े भाई को सही-सही पहचान लिया था। वहाँ से लौटकर उन्होंने जो कहा, उसका सार-मर्म यह था कि शंकर नाम की क्या ग़ज़ब महिमा है। पापी लोगों का हृदय फटाफट परिवर्तित होता जा रहा है।

इसके कुछ दिनों बाद ही द्वितीय महायुद्ध शुरू हो गया। फलस्वरूप सरकारी फाइल में शंकर बाबा की अहमियत खोकर रह गयी। चिरिखेरा गाँव एक नगण्य इस्टेट का टूटा-फूटा हिस्सा भर बनकर रह गया। लाइन की पश्चिमी तरफ पक्के मकान, शंकर बाबा का आश्रम, दुकान-पाट, हैज़क की रोशनी! वैसे ए पी सी मिल, पूर्व की तरफ स्थित थी, लेकिन लाइन के उस पार! सन् 1950 में वहाँ सिफ झोंप-झाड़ और कुली धउड़ा गाँव बसा था। उसके पार, छोटे-मोटे खेत और चंद बेरंग-बेजान गाँव! पश्चिम के लोग, पूर्व की ओर शायद ही कभी आते थे। सन् 1969 के लगभग मिलमास्टर और उनकी पत्नी ने खपरैल की चाल में एक कोठरी किराये पर ले ली। वह चाल सैकड़ों कोठरियों में बंटी हुई थी। चाल की उस कोठरी के लिए हर महीने ग्यारह रुपये किराया चुकाते थे। उस चाल के मालिक, अयोध्या अटावल ने कोने का वह हिस्सा, उन लोगों को पूरे एक हज़ार रुपये में बेच दिया। यह रुपया जुटाने में पति-पत्नी को कमरतोड़ मेहनत करनी पड़ी थी। अयोध्या अटावल के अकालजात् रोगी और अपुष्ट जुड़वा बेटों की, मालती ने खूब सेवा की और उन दोनों बच्चों को बचा लिया। इस वजह से अटावल दम्पत्ति उन दोनों पति-पत्नी के परम भक्त बन गये थे। उन लोगों को घर बेचकर, उन्हें शान्ति मिली थी। घर के नाम पर, सड़क पार करते ही, मिट्टी में धँसा हुआ, बड़ा-सा घर! घर के सामने आंगन और कुआँ!! उसके बाद ही मंझोले आकार का एक और

कमरा। उस कमरे के पीछे ही पायखाना, जहाँ तीन धाप सीढ़ियाँ चढ़नी पड़ती थीं। पायखाने में सिमेंट का पैन, जनता संडास।

इस घर में कोई पत्र या अख़बार या किताब आना अब दुर्लभ घटना थी। इसलिए भगुआ ने वह पत्र बड़े जतन से रख दिया। ब्लडप्रेशर की वजह से कॉमरेट जी एक बार बेहोश हो गये थे। उसके बाद से वे यथासम्भव बाहर नहीं जाते थे। अब तो यहाँ कभी-कभार पार्टी का अख़बार भर आता था, कभी-कभी वह भी नहीं आता था। उस दिन, जब तक उनके नहाने-खाने का वक्त नहीं हो जाता, कॉमरेट जी पुराने अख़बार ही उलटते-पलटते रहते थे। पार्टी का अखबार, समय से क्यों नहीं आता? जो इन्सान चालिस साल पहले भी चिरिखेरा में किंवदन्ती था...जिन दिनों सर्दी के शामों में छोटे-छोटे बच्चे कुली धउड़ा से गुलबाघा, लकड़ा बकरी, मुर्गी वगैरह उठा ले जाते थे, उन्हीं दिनों कॉमरेड जी और बहुभावी ने चिरिखेरा में कमूनिस पार्टी गढ़ी थी। ए पी सी मिल मज़दूर यूनाइन (एईटक)! इनूटक नहीं, कमूनिस पार्टी नाम ही असली था। उसी इन्सान को वे लोग कमूनिस पार्टी का अख़बार देना क्यों भूल जाते हैं, भगुआ को समझ में नहीं आता था। जब मिलमास्टर का ज़माना था, तब कितने-कितने अख़बार, कितनी चिट्ठी-पत्री, कितनी ही जगहों से कितने-कितने लोग आया करते थे। बड़े-बड़े कॉमरेट भी आते थे। घर का दरवाज़ा हर वक्त खुला रहता था। पैडलर भी यहाँ गाड़ी रोक देते थे। बहुभावी घर में नहीं होता था, तो भरत की माँ रोटी-भात-दाल पकाती थी। उन दिनों भगुआ, भरत और भरत की माँ, यहीं रहते थे। उसके बाद, दो बेटे और हुए। भरत की गृहस्थी बड़ी हो गयी। उन लोगों ने धउड़ा में ही अपनी अलग झोंपड़ी बना ली। अब, भरत की माँ नहीं रही, बहुभावी, भगुआ को वहीं रख गया, अब क्या छोड़कर जाया जा सकता है? कौन जानता था कि मिलमास्टर 'ब्लडप्रेशर' (ब्लडप्रेशर) का शिकार हो जायेगा? कौन जानता था कि मिलमास्टर और बहुभावी का घर इतना सुनसान हो जाएगा? परबाल को मिलमास्टर एक नौकरी नहीं दिला पाया, इसलिए बाप-बेटे में बहुत दिनों तक बातचीत बन्द रही। परबाल ने रेल बाबू की बेटी, कमला से बियाह कर लिया। परबाल नौकरी की ही खोज-खबर लेने विलासपुर गया हुआ था। उसकी बहुरिया यूँ तो अपने पीहर ख़ास नहीं जाती, इस बार गयी थी।

आज बहुत दिनों बाद, मिलमास्टर ने धुला हुआ कुर्ता-पायजामा पहना। मोटी-सी लाठी कसकर थामे हुए, वह दरवाज़े पर आ बैठा और उसने भगुआ को आवाज़ दी।

'जा, रिक्शा ले आ, भगुआ! बिटिया को देखने जाऊँगा।'

परबाल का बियाह हो जाने के बाद, भगुआ को मिलमास्टर थोड़ा-थोड़ा खुश नज़र आने लगा था।

अकेले में, चोरी-छिपे मिलमास्टर, कमला बिटिया को समझाता था, 'मैं कोई काम-काज कहाँ करता था? काम तो करती थी—मालती! देखना, परबाल का काम हो जाएगा। कोई न कोई नौकरी उसे मिल जाएगी।'

जब वह बिटिया को देखने पहुँचता है, तो बिटिया की माँ, बेटी के ससुर को देखकर अभिभूत हो जाती है, 'बाप रे', कितना नामी-गिरामी मानस है।'

आज भी वह अपने हाथों से पकाकर उसे खिलायेगी। मिलमास्टर, कॉमरेट जी, साधु जी...समय से समयान्तर तक जिसे ढेरों नामों से पुकारा जाता रहा है और हैरत है, वे सब नाम रह भी गये हैं। एक-एक किस्म के इन्सान की तरफ से दिया हुआ एक-एक नाम! सो कॉमरेट जी बेटे की ससुराल जाकर, थोड़ा-बहुत पकवान खायें, तो भगुआ खुशी से भर उठता था। बहुभावी मर गया। परबाल घुमन्तू निकल गया। अब, पार्टी का कोई-कोई बंदा कभी-कभार उसे रुपये भेज देता था। रोटी के साथ अचार भी हो, तो भोज! दाल भी मिल जाये, तो महाभोज! कमली बिटिया जो पाती थी, सब ससुर के सामने सजा देती थी। वह ससुर का हाथ धुलाती थी। चिलमची थामे, उसे कुल्ला कराती थी, हाथ-मुँह पोंछती थी। उसे हिदायत भी देती थी—'ओ बाबू जी, करवट लेकर सोयें।'

आज कॉमरेट जी का दिन अच्छा था। सुबह ज़रा जल्दी ही निकल गये। अब खा-पीकर लौटेंगे। तब यह कागज देखेंगे। उसे यह कागज बेहद ज़रूरी लगा। जाने कहाँ तो चले जाते हैं तमाम दिन। वोट या सनीमा के हैंडबिल की तरह, जाने कितने ही दिन उड़ते चले गये। पहले कितने-कितने अख़बार, कितने ही ख़त, कितने ही इश्तेहार! मीटिंग! मीटिंग! मीटिंग! वोट से पहले तो कॉमरेट जी को बिल्कुल फुर्सत ही नहीं होती थी। लगातार सात या दस दिनों तक चिरिखेरा, मधुपुर, विलासपुर वगैरह में 'मीटिन' करके, घर लौटते थे। भगुवा की बीवी काठ के छोटे-से पिटौना से दमादम पीट-पीटकर कुर्ते-पायजामे धो डालती। बहुभाषी सारे ज़रूरी सामान बैग में भरकर तैयार रखता—सिर-दर्द की दवा, इसबगोल की भूसी, चाय पत्ती, दूध-पाउडर, चीनी, खादी का गमछा वगैरह!

मिलमास्टर उर्फ कॉमरेट जी उर्फ साधू जी दिन के तीन बजे घर लौटे, धूप-पसीने से उनका चेहरा भींगा हुआ था। वे बार-बार अपना चश्मा पोंछ रहे थे। कमरे में बैठकर, वे थोड़ी देर सुस्ताते रहे, दो गिलास पानी पीया।

'पानी पीने से तो तुम्हें 'पिसाब' आता है। तुम्हारी दवाई है, पानी पीते रहो और पिसाब करते रहो।'

'और क्या उपाय है? क्या करूँ? देह काफी तन गयी है।'

'इत्तनी धूप में क्यों चले आये?'

'कमली की उस माया कमबख़्त की वजह से! परबाल को काम क्यों नहीं मिलता? इतनी लिखाई-पढ़ाई की, काम क्यों छोड़ देता है? समधिन तो आने नहीं

देना चाहती थी, कमली ने भी बहोत मना किया। लेकिन, मुझे गुस्सा चढ़ गया। मैंने कह दिया—मेरा बेटा दल्लाली नहीं कर सकता, इसलिए वह नौकरी छोड़ देता है। बस, इस बात से उन्हें चोट लग गयी।'

'अच्छा, चलो, कुछ देर लेटे रहो। शरीर ज़रा ठंडा हो। हम गुड़-पानी का शर्बत बनाय देता हूँ।'

गुड़-पानी का शर्बत बना दूँ—यह जुमला, बहुभाषी अक्सर कहता था और शर्बत भी बना लाता था।

भगुवा की आँखें दीवार पर गड़ गयीं। बहुभाषी की किस उम्र की तस्वीर है यह? परबाल ने ही वह फोटो दुकान में खोज निकाली, उसे साफ-सुथरा किया और स्टील-फ्रेम में मढ़ा लाया था। ऐसे साँय-साँय करते, सुनसान-खाली घर में अगर कोई अचानक मर जाये, तो भला कैसे पता चलता कि वह कितनी देर कष्ट झेलता रहा? डॉक्टर ने तो कहा कि उसे कोई कष्ट नहीं हुआ, लेकिन यह कैसे सम्भव है? हाथ की मुट्ठियाँ कसी हुई थीं, गर्दन लटक गयी थी, बस किसी तरह दरवज्जा खोल पाया था।

गुड़ का शर्बत पीने के बाद कॉमरेट जी को मानो नयी ताकत मिल गयी।

'भगुआ, धुला हुआ कुर्ता ला, धुली हुई धोती भी! मिटिन में बुलाया है! मेरा नाम है वहाँ, भगुआ, बुलाना ही होगा! देवल राइ को बुलाना ही होगा! अभी उस दिन तक बिरीज, भोरा दो-तीन मुश्किल शब्द भी नहीं बोल पाते थे। दिलीप मिश्र? आनन्द शंकर? सब, स-ब यहाँ के नेता हैं। हमारे ज़माने में, पार्टी को क्लासें करना पड़ती थीं...'

'हाँ, हाँ, पढ़ना पड़ता था।'

'पढ़ना पड़ता था...काफी-काफी दिनों बाद, कोई पार्टी का मेम्बर बन पता था।'

'लेकिन, अभी काहे जा रहे हो, कॉमरेट जी? धूप तो अभी भी बहुत कड़ी है। तनिक बेला ढल जाने दो, तब जाओ, तो चेहरे-मोहरे पर पछुआ धूप लगेगी।'

परबाल और कमली ने उन्हें बार-बार समझाया था, 'बप्पा, आपका रक्तचाप बहुत ज़्यादा है। ऐसे में अगर धूप लग जाये, तो बहुत बुरा है। भोर से लेकर नौ बजे तक तुम बाहर जा सकते हो। शाम को धूप ढलने के बाद, न हो ज़रा घूम-फिर आना।'

उस बार के स्ट्रोक के बाद, कॉमरेट जी की जुबान, ज़रा भारी हो गयी थी। बातें भी वे काफी अटक-अटककर करने लगे थे। पहले का ज़माना होता, तो कॉमरेट जी उनकी बातों का जवाब दिये बिना ही, बदन पर कुर्ता डालते, जवाहर कोट चढ़ाते, पाँव में मोटा-सा जूता पहनकर बाहर निकल जाते थे।

लेकिन, अब, ऐसा नहीं कर पाते थे। लेकिन बीच-बीच में ऐसी-ऐसी बातें करते थे, अक्खड़ ज़िद पर आ जाते थे कि उन्हें समझना मुश्किल हो जाता था।

उस वक्त उन्होंने बुदबुदाकर मानो अपने से ही कहा, 'सोमाखाली क्या यहाँ है? शंखमुखी...पांचबेकी...कभी शिकायत न करनेवाले जदु' दा...सब आकर बैठे रहेंगे।'

'कॉमरेट जी धूप खा जाओगे।'

कॉमरेट जी निर्बोध की तरह कुछेक पल उसे देखते रहे। अगले ही पल उन्होंने ज़ोर-ज़ोर से उसाँस छोड़कर कहा, 'विलासपुर में मनोज है, भगुआ, परबाल का काम हो जाएगा।'

'जरूर हो जावेगा। कमली बिटिया तो लछमी है। बहुभाषी कहते थे न—कमली इस घर में लछमी को रोके रखेगी। बिटिया को बुलाय लाऊँ?'

'जा, लछमन को बुला ला! उसी के रिक्शे पर जाऊँगा।'

'हाय रम्मा! न हो घंटे भर बाद चले जाना।'

'पार्टी मीटिंग का मतलब पार्टी मीटिंग होती है, भगुआ।'

'अगर इतना ही ज़रूरी था, तो खुद आकर तुमको काहे नहीं ले गये?'

'व्यस्त होंगे, भगुआ! भोरा तो मुझे खारिज ही किये दे रहा था...। काश, वे लोग अगर पार्टी का भला समझते कि उस समय पार्टी के पैरों तले ज़मीन कहाँ थी...इसीलिए तो याद पड़ता है...'

'धीरज सिंह 'मायले' (एम एल ए) होगा और तुम मीटिंग करके उसे जिताओगे?'

न अधेड़, न बूढ़े भगुआ और किसी ज़माने में चिरिखेरा के किंवदन्ती पुरुष, देवल राइ ने एक-दूसरे की आँखों में झाँका। देवल राइ अब उम्र के सड़सठवें वर्ष में थे। अब उन्हें चक्कर आता था। वैसे देवल राई, बाद में ग्रहण किया गया नाम है या असली नाम? कमनिस पार्टी के पैरों तले से ज़मीन तो काफी अर्से पहले से ही खिसकती जा रही है। भूमिक्षय!

परबाल ने कहा था, 'पद्मा पगलायी हुई नदी है। अन्दर ही अन्दर अपने किनारे निगल जाती है। उसके बाद, घर-द्वार, धान-खेत, पेड़-पौधे सब टूट-टूटकर पानी में गिरकर बह जाते हैं।'

विपुल दत्त ने एक बुद्धू किसान को देखा था। भूमि-स्खलन होनेवाला है, ग्रामवासियों को निश्चित रूप से पूर्वाभास हो जाता था, क्योंकि किनारों में काफी दूर तक आंकी-बांकी महीन दरार पड़ जाती थी। यह पूर्वघोषणा होती थी। नदी बता देती थी कि उस चिन्हित सीमारेखा की सा-री मिट्टी वह खा जाएगी। वह दरार देखते ही गाँव के लोग अपने घर-झोंपड़े की छादन-खिड़की, गाय-बछड़े, स्थावर सामान यथासम्भव समेटकर; नदी से काफी दूर, काफी अन्दर, किसी जगह नये घर बना लेते थे। वे लोग जिनकी प्रजा होते थे, उन्हीं के ताल्लुके में जाते थे। इस तरह सभी जा चुके थे। उन दिनों अकेले उफिलद्दी नामक किसान, इत्मीनान

से अपने धानखेत निराने में मगन था। उसे विश्वास ही नहीं हुआ कि फसल काटने से पहले, भू-स्खलन होगा। नतीजा यह हुआ कि कच्ची फसल और भ्रान्त विश्वास में अटल, उफिलद्दी—सभी को पद्मा ने निगल लिया।

सन् 50 से सत्तर तक, कमनिस पार्टी दिनों दिन गढ़ी गयी, उसकी बुनियाद में क्षरण होने लगा है, वह क्या समझ में नही आता था? नीतिगत् भूल! आत्म-समीक्षा का अभाव! पार्टी कार्यकर्ताओं में स्तरीय विभाजन! प्रकाश बोध के समय में एक तरह का नियम था, देवल राइ के ज़माने में और था। सब कुछ के बाद भी जो लोग कमनिस पार्टी का झंडा कसकर थामे हुए, जन-गण में जमे रहते हैं। उन्हीं लोगों को भू-स्खलन की पूर्व-सूचना मिल जाती है और मिट्टी में पड़ी दरारों में उन्हीं लोगों की नज़र पहले पड़ती है। इसके बाद भी, उफिलद्दी का विश्वास थामे हुए, वे ही लोग वहाँ की मिट्टी को जकड़े हुए पड़े रहते हैं और पार्टी उन लोगों को बार-बार भूल जाती है।

चिरिखेरा के पार्टी-ऑफिस को छोकरे सेक्रेटरी ने देवल राइ के मुँह पर ही सुना दिया, 'कॉमरेड, आप गठनमूलक समालोचना नहीं कर रहे हैं।'

विरिज भोरा ने भी बेलाग सुना दिया, 'अपने निजी स्वार्थ के लिए तो आपने पार्टी का काफी इस्तेमाल कर लिया। घर-द्वार बनवा लिया; बेटे की नौकरी के लिए अब नेताओं के दरवाज़े पर धरना दे रहे हैं।'

परबाल ने भी कहा, 'तुम नेता बने फिरते हो? तुम्हारे ज़माने के किसी भी नेता का बेटा, क्या किसी बड़ी नौकरी में नहीं है? उसने अपना घर-मकान नहीं बनवाया? असल में, समाज के ऊंचे मुहाल के नेता हैं। सब कुछ उन्हीं लोगों को मिलता है। और तुम? तुम्हारे पास क्या नहीं था? बाप की ज़मीन-जमा तुमने लुटा दिया...जमींदारी का स्वामित्व त्याग दिया। तुम बड़े नाकामयाब इन्सान हो! टोटल फेल्योर!'

फेल्योर! फेल्योर! फेल्योर!

असफल! असफल! असफल!

लेकिन तेज़ रफ़्तार से, आज सोनाखाली, कल लाट का चर, परसों काली बाज़ार में काले-काले चेहरेवाले मर्द-औरत, धानखेतों में लाल झंडा गाड़ रहे हैं, उन लोगों में से तो किसी ने भी नहीं कहा कि तुम नाकामयाब इन्सान हो! तुम फेल्योरे हो! उन्होंने जो किया, वह सही किया या ग़लत? वह भूल थी या ठीक थी? ठीक थी या भूल?

देवल राइ ने भगुआ से कहा, 'लछमन का रिक्शा बुला ला और रात को...मैं थोड़े-से मुरमुरे खाऊँगा, बस! पानी में भिंगोये हुए मुरमुरे और गुड़। वापसी में अगर सम्भव हुआ, तो पेशाब की जाँच भी कराता आऊँगा। सांझ को बत्तियाँ जला देना और हाँ, धूप जलाना मत भूलना। घर छोड़कर कहीं मत जाना, भगुआ!'

'हम कहाँ जाऊँगा भला?'

भगुआ रिक्शा लाने चला गया।

देवल राइ की देह बार-बार कहती रही—मत जाओ! मत जाओ, मगर मन तो उफिलद्दी जैसा था! लेकिन, सैंतालिस वर्षों की ट्रेनिंग, कमनिस पार्टी के नाम में विश्वास करने की आदत, मन भला कैसे भूल सकता था? अब तो मालती भी नहीं रही, जिससे बोल-बतिया सके। कहीं, कोई एक भी मानस नहीं है। पहले कमली सहज थी। लेकिन, अब बूढ़े आदमी के पास बैठकर पुरानी-धुरानी बातें सुनने में भला कैसे मन लगे? चूँकि वह ससुर था, इसलिए ज़रा सम्मान भी करना पड़ता था। उसकी माँ ने सख़्त हिदायत दी थी। देवल की निगाहें मालती की तस्वीर पर जा पड़ीं। वह ज़िन्दा रह सकती थी। उन्हीं की हमउम्र तो थी। बारह वर्ष पहले उसके चले जाने की कोई वजह नहीं थी। आज अगर मालती होती, तो वह उन्हें हरगिज नहीं निकलने देती। परबाल तो कमनिस पार्टी का नाम सुनते ही भड़क जाता है। बाप की उम्र सड़सठ और बेटे की उम्र कुल तीस वर्ष! देवल को काफी देर से सन्तान हुई थी। जदुपति दादा ने लिखा—'पा से नाम दिया—परबाल! सन्तान हो गयी, अब तुम सच्चे अर्थ में संसारी हो गये, यह बात याद रखना।'

वे अक्सर आते थे, चिट्ठी-पत्री लिख देते थे।

एक बार उन्होंने कहा, 'देखो, जी, प्रकाश, कितनी छोटी उम्र में मैंने पार्टी-पार्टी करते हुए, ज़िन्दगी आलतू-फालतू ख़र्च कर दी। शादी की उम्र कब आयी और निकल गयी, पता ही नहीं चला। उन दिनों जदुपति का कितना काम था और अब? कोठरी में पड़ा रहता हूँ, किसी तरह स्कूल चलाता हूँ, पी जी जाकर पोस्ट्रेट कटा आया। अब तो पार्टी की शान-शौकत है! गाड़ी-वाड़ी भी हो गयी है। कोई एक भी बंदा, कभी खोज-ख़बर लेने नहीं आता। मर भी गया, तो देख लेना, झेनेखाली के वही लड़के ही ले जाकर चेड़ा घाट पर फूँक-ताप आएँगे। इसलिए तुमसे कहता हूँ, जरा संसारी बनो। बहूरानी आखिर कितना करेगी?'

उसके बाद उन्होंने ज़ोर का ठहाका लगाकर कहा, 'अब पार्टी का जो-सो बंदा रूस जाता है, कभी मेरी-तुम्हारी पूछ हुई? खैर, यह सब मैं नहीं सोचता। अब तो गुस्सा-क्रोध भी कम होता जा रहा है। कहीं मैं बड़के भइया जैसा तो नहीं होता जा रहा हूँ?'

जदुपति दादा के तीन भाई—बड़के भइया, मंझले भइया—सभी उस ज़माने में रामकृष्ण मिशन में दर्ज़ नाम। उस पर से स्वाधीनता सेनानी भी थे। जदुपति दादा भी क्या और ढंग के होते?

मालती की मौत की खबर पाकर वे तत्काल चले आये। पन्द्रह दिन तक यहीं रहे। श्राद्ध-शांति कराने के बाद, उन्होंने अपने हाथों से मछली पकाकर खिलायी।

उन्होंने कहा, 'अगर मुखाग्नि नहीं करते, प्रकाश, तो मैं तुमसे नेम-कर्म करने

को नहीं कहता। जब किया है, तो इतना-सा नेम-नियम तो निभाना ही होगा।'

मुखाग्नि नहीं करेंगे, यह बात तो देवल राइ उर्फ प्रकाश बोस ने कभी सोची भी नहीं थी। जिस उम्र में और जिस समय, वे पार्टी में शामिल हुए, तब वे निरीश्वरवादी थे या नहीं, यह बात किसी ने भी नहीं जानना चाहा। वैसे किसी ज़माने में यह बेहद महत्वपूर्ण बात थी। लेकिन मालती की मौत के समय, वे अतिशय अनाथ हो गये। जिसने जो कहा, वे करते रहे। मालती की मौत के साल भर बाद, जो स्मारिका प्रकाशित हुई, उसमें उन्होंने सब खोलकर लिख डाला। और यही बात उन पर विश्वास न करने की बड़ी वजह बन गयी। नेतागण तो यह सोचने लगे कि कहीं वे पागल तो नहीं होते जा रहे हैं। इन दिनों, यह शख़्स अपनी जीवन संगिनी की स्मृति-कथा दुहराते हुए, तीस वर्ष पहले की यादों की माला फेरता रहा। उन दिनों पार्टी की भ्रांत-नीति का संधिकाल था। पार्टी निषिद्ध! काकद्वीप में गोरिल्ला युद्ध! तेलंग-वारंगल-काकद्वीप में जंग!

वह समय ही मानो कोई बहुत बड़ा कुछ था। इतने वर्ष खामोश रहने के बाद, भारत में जिस वक्त आपातकाल जारी था, उस समय माधपुर के गणेशी आर्ट प्रेस में, अनगिनत अशुद्धियों से भरी, इस स्मारिका का प्रकाशन, जिसे अनिवार्य रूप से भूल जाना चाहिए था, उस यादों में लौटना, आखिर किसलिए? यह तो 'सैबोटाज़' है! यह तो आन्दोलन को तोड़ना है।

रिक्शा आ गया।

देवल राइ उर्फ मिलमास्टर उर्फ साधू जी उर्फ कॉमरेट जी ने थोड़ा और पानी पीया, और एक बार पेशाब किया। न्ना, पर्याप्त पेशाब नहीं हुआ। पेशाब होता रहे, इसके लिए बिना नमक की दाल-सब्जी वे नहीं खाते थे। उन्होंने बीच-बीच का समझौता कर लिया था। रोटी या मुरमुरे के साथ गुड़ और पानी! मनोज के 'नक्सल' होने पर खूब-खूब डाँटा था।

उनकी डाँट का मनोज ने मुस्कराते हुए जवाब दिया, 'काकद्वीप में क्या हाथ में टिन की तलवार लेकर लड़े थे? सुनो, लैसिक्स मत लो। एक दिन बाद एक दिन डाइटाइड लिया करो। नमक छोड़ दो, तो तुम ठीक रहोगे।'

मनोज ने अच्छा ही कहा था। लेकिन मनोज! अर्से से मैं अपने आपे में नहीं हूँ। रिक्शे में सवार होते-होते देवल राइ ने सोचा, परबाल को नौकरी मिल जाये, तो दोनों प्राणी यहीं रहने लगेंगे। मैं भी थोड़ा-बहुत बाहर आया-जाया करूँगा। घर में बैठे-बैठे बदन जैसे जकड़ता जा रहा है। मनोज वगैरह कितना कहते हैं, न हो वे कुछ दिन वहीं जाकर रहें। अच्छा खाना-पीना करूँगा। अगर वह राज़ी हुआ, तो दोनों बाप-बेटा थोड़ा घूमेंगे-फिरेंगे। अब, जदुपति दादा को देखो, उनसे दस साल बड़े हैं, मगर कितने सक्षम हैं। उफ! आज यह धूप काफी कड़ी-कड़ी लग रही है। खैर, वहाँ जाऊँगा तो सही! जल्दी-जल्दी थोड़ा-सा वक्तव्य दूँगा! जो भी हो, धीरज

सिंह एम एल ए नहीं बन सकता। पार्टी की बुनियाद फिलहाल ज़रा-सी है, फिर भी कोशिश तो करनी ही होगी। वे आँखें मूंदते हैं, तो अभी भी उन्हें वह दृश्य नज़र आता है—चेहरे पर अबीर लगा हुआ। वे ट्रक में खड़े हैं। उनके साथ लाल झंडे थामे हुए जुलूस भी आगे बढ़ रही है! कॉमरेड देवल राई एम पी!

वे पारीख हॉल तक आ पहुँचे।

रिक्शा गेट पर ही रोक देना पड़ा। बिरीज, भोरा, दलीप मिश्र वगैरह की गाड़ियाँ अन्दर दाखिल हो रही थीं।

जनकलाल भोरा ज़रा आगे बढ़ आया, 'आइए, आइए, कामरेट जी! आप अजब पागल हैं, उस समय कितने सस्ते में मैं मारुति गाड़ी दे रहा था? खैर, हाल-तबीयत तो ठीक है न? चलिए, हाथ पकड़कर सहारा दूँ?'

देवल राइ ने मुस्कराते हुए 'ना' में सिर हिला दिया। अपनी मोटी छड़ी के सहारे, वे सीढ़ियाँ चढ़ने लगे। किसी ज़माने में वे सुना करते थे—'जंग है! जंग है! आज़ादी के परचम तले।'

उस ज़माने में जंग कुछ और थी! आज के ज़माने में कुछ और है। अब यह भी बदलते-बदलते एक और क़िस्म का जंग ही तो है। चुनाव की जंग! अब, ऐसा ही चल रहा है...चलने दो।

मंच तक पहुँचने के लिए जो सीढ़ियाँ बनायी गयी थीं, वह बेहद खड़ी थीं! उन सीढ़ियों पर चढ़ते हुए घुटनों पर काफी दबाव पड़ा। मंच पर बैठने के लिए, उन्हें कुर्सी दी गयी। वहाँ पंखे की हवा ख़ास नहीं आ रही थी। लेकिन उन्हें बहुत कुछ कहना है! उन्होंने अपने मन को शांत रहने को कहा गर्मी बढ़ती जा रही थी।

शाम चार बजे देवल राइ को मंच पर लाया गया।

उन्होंने जनकलाल से कहा, 'मुझे ज़रा पहले छोड़ देना।'

उनकी बात सुनकर बिरिज भोरा ने धीमी आवाज़ में फुसफुसाकर कहा, 'यह क्या उनका ज़माना है? धीरज सिंह, दलीप, आनन्द शंकर, डॉक्टर मनोहरलाल धीरज सिंह की बीवी कुमुद भी तो मौजूद हैं। घर जाने की जल्दी क्या अकेले, उन्हीं को है? और किसी का क्या घर-द्वार नहीं है? पुराने दिनों के कॉमरेड लोगों के स्वभाव में ऐसे ढेरो दोष हैं।'

जनकलाल मंच की दूसरी तरफ चला गया। मंच पर लम्बी-सी मेज़! उस पर प्लास्टिक की लाल सीट बिछी हुई। सामने कुर्सियों की क़तारें। लेकिन, देवल राइ को पिछली कतार में, कोने की कुर्सी दी गयी। वहाँ पंखे की हवा भी नहीं पहुँच रही थी। मीटिंग में बिजली, पंखे, रोशनी, जेनरेटर वगैरह की व्यवस्था, रुस्तम की दुकान से की गयी थी। रुस्तम कमनिस पार्टी की मीटिंग को शायद उतनी अहमियत नहीं देता था। काँग्रेस या जनता जैसी पार्टियों की मीटिंग में अच्छे-अच्छे पंखे लगाये

जाते थे। लोग रुस्तम की दुकान से ही गाड़ी भी किराये पर लेते थे।

जनकलाल दुबारा उनके सामने आ खड़ा हुआ।

'कामरेट जी, आपको पहले कैसे, बोलने दिया जाये? खेड़गाँव, बंदा चिकी, इमला से भी तो लोग आने वाले हैं।'

'वे लोग आयेंगे?'

'आयेंगे तो ज़रूर!'

'खेड़गाँव से...जमुना परसाद...?'

'सब आयेंगे। आप चले जायेंगे, तो वे लोग भला मानेंगे? वे लोग तो आपको सुनने आ रहे हैं।'

'हाँ! तब...रह जाता हूँ।'

लेकिन, थोड़ा-सा पानी पी लेते, तो बेहतर होता। ज़रा पेशाब कर लेते तो बेहतर होता। न्ना, आज वे पेशाब की जाँच करा ही लेंगे। भगुआ ने कुछ ग़लत नहीं कहा सिर पर धूप लग गयी है।

गाँवों से भी लोग आ रहे हैं! वैसे सभी गाँव आस-पास ही हैं। बस या ट्रेन से आने में भला देर ही कितनी लगती है! दूर ही कितना है! जाहिर है, वोट-फंड में रुपये कम हैं। ये लोग गाँव-गाँव मीटिंग नहीं कर सकेंगे।

खैर, छोड़ो। वे तो पार्टी को ही वोट देने को कहेंगे! देवल राइ बैठे रहे!

2

1943-1948

मैं, मनोज घोष, कभी प्रकाश के बारे में लिखूँगा, यह सोचा नहीं था।

काकद्वीप-तेभागा में, मैं तो कुछ ही महीनों शामिल था। लेकिन, अब, जब लिखने बैठा हूँ, तो देख रहा हूँ, ढेरों-ढे-रों बातें याद आ रही हैं।

उसके बाद के जीवन के बारे में शायद कुछ भूल भी गया होऊँ, लेकिन उसके शुरुआती जीवन की उन दिनों की बातें मुझे क्यों याद रह गयीं? इसलिए कि वे दिन, याद रखने लायक, काफी महत्त्वपूर्ण थे।

मालती राइ के निधन के बाद, जो स्मारिका प्रकाशित हुई थी, उसमें प्रकाश ने जो-जो लिखा था, वह तो सन् 1920-1951 की बातें थीं।

लोग-बाग कहते हैं कि मैं बेहद सेंसिटिव इन्सान हूँ। प्रकाश और मैं आस-पास

के घरों में ही रहते थे। लेकिन मैं कम्युनिस्ट पार्टी में शामिल नहीं हुआ, इस बात को लेकर प्रकाश को मुझसे काफी शिकायत थी। वह मुझसे नाराज़ था।

सन् 1949-50 में प्रकाश फौलादी इन्सान था। अन्दर ही अन्दर उसकी छाती फट रही हो, मगर चेहरे पर शिकन तक नहीं होती थी, बिलकुल पता नहीं चलता था।

सन् 1962-63 में मैंने देखा, उसका मान, क्रोध मज़े से पहचाना जा सकता था। मैं ज़रा बेहया क़िस्म का इन्सान हूँ। पत्नी समेत मैंने मालती भाभी के आगे आत्मसमर्पण कर दिया। उस वक्त के लिए सब कुछ ठीक ठाक हो गया।

मैंने बताया– प्रकाश ने 'स्मारिका' में सन् 1920-1951 तक की यादें बयान की थीं। काकद्वीप के बारे में लिखते हुए वह किस क़दर भावुक हो उठा है। वह और मैं–दोनों दो क़िस्म के इन्सान। वह तो काकद्वीप में जदुपति दादा की तरह ही किंवदन्ती था। उसके मन में अतीत का वही इतिहास इतना जीवन्त रूप में कैसे बचा रह गया?

इसलिए कि वह समय बेहद महत्त्वपूर्ण था। यही सबसे अहम बात थी और मैं तथा प्रकाश, बीच-बीच में जब मिले, तो दिल खोलकर अंतरंग बातें होती थीं। मैं समझ चुका था कि उसके लिए कम्युनिस्ट पार्टी, अविभक्त कम्युनिस्ट पार्टी थी। पार्टी के प्रति भक्ति, उसके सिस्टम में घुलमिल गयी थी। इसलिए वह अपने को निःशेष भाव से अर्पित किये जा रहा था। वह और कुछ न जानता है, न समझता है।

ऐसे लोगों की देखभाल करना, उन्हें मानसिक आश्रय देना उनके प्रति प्राप्य श्रद्धा देना, पार्टी का भी कर्तव्य होता है। पार्टी क्या यह बात रखती है?

वैसे चिरिखेरा-माधपुर-खेड़गाँव-बंदाचित्ती-हेसंला–इन तमाम जगहों में पार्टी की प्रतिष्ठा करने में उनके योगदान से कोई इन्कार नहीं कर सकता।

लेकिन सभी ने इन्कार कर दिया! मैंने खुद भी देखा।

अपनी भक्ति में अटल रहते हुए, वह जितने-जितने ज़ख़्म झेल रहा था, उसका मन उतनी ही मज़बूती से अतीत को जकड़ता जा रहा था। उन दिनों भी वह अंडरग्राउंड था। वह खुद तो कुछ बता नहीं सकता था, उन दिनों कितने ही नेताओं ने जाने कितने-कितने जघन्य इल्ज़ाम, उस पर मढ़ते रहे।

इसके अलावा उसने मालती भाभी को भी कसकर जकड़ लिया था।

सन् 1957 में भाभी चली गयीं। किसी गहरी वेदना में सांत्वना पाने के लिए, उसने 'स्मारिका' में काकद्वीप-तेभागा के बारे में विस्तार से लिख डाला। लेकिन वह इमर्जेंसी का समय था।

लेकिन, मैं प्रकाश नहीं हूँ। मैं राजनीति वगैरह ज़रूर करता था।

प्रकाश बोस को उस लेखन ने ही हद परेशानी में डाल दिया। लेकिन डॉक्टरी भी करता था।

मेरे पास दो-मंज़िला घर है। यार-दोस्त आ जाते हैं, तो उनके लिए भोज-भात का इन्तज़ाम करना—यह सब प्रकाश को मन ही मन संकोच में डाल देता था या मेरे बारे में उसके मन में अविश्वास भर देता था। कौन जाने, क्योंकि जीवन में हमें जो पहला सबक मिला था, वह था—कम्युनिस्ट व्यक्ति अपना वैभव नहीं बढ़ाता। वह जनता के बीच रहता है। इसकी तुलना में वह अपनी निजी गृहस्थी का मान-सम्मान नहीं बढ़ाता। कम्युनिस्ट इन्सान सम्पत्ति अर्जन की मानसिकता से घृणा करता है। जिन दौलतमंद लोगों के विरूद्ध हमारी जंग थी, उन सब क्षेत्रों में जनता के मन में श्रेणी-घृणा तो थी ही।

प्रकाश ने अपनी मानसिकता नहीं बदली।

मेरे बारे में उसका मन दुविधा के हिचकोले खा रहा था। यह मैं ही था, जिसने कॉटन-मिल में हड़ताल के दौरान मज़दूरों और उनके मददगार किसानों का इलाज और सेवा की है। अपने फलते-फूलते डॉक्टरखाने में रिक्शाचालकों और ठेलेवालों के बच्चों को लाकर उन लोगों को स्वास्थ्य कर्मी के रूप में तैयार किया।

इन तमाम बातों की उसे ख़बर थी। इसके बावजूद उसके मन में अभिमान की कहीं दीवार खड़ी थी। उसके घर में मामूली-से आयोजन का आतिथ्य भी मैंने महाखुशी-खुशी जीया है। उस वक्त उसका अभिमान भी जैसे ख़त्म हो जाता था। तब हम खूब हँसते थे, खुश होते थे, खूब बातें करते थे, बिलकुल पहले की तरह!

मेरा सौभाग्य था, परम सौभाग्य! उसने मुझसे एक कुर्ते की माँग की थी। कुर्ता मैंने तैयार भी करा लिया है। लेकिन, देने का मौका नहीं मिला है। लेकिन फिलहाल, मुझे लगभग पचास वर्ष पीछे लौटना होगा। काकद्वीप, तेभागा...किसान सशस्त्र संग्राम शुरू करनेवाले थे। यह सोवियत रूस के निर्देश पर, भारत की कम्युनिस्ट पार्टी के लिए एक निरीक्षणागार, परीक्षा क्षेत्र है, यह बात, हम कैडर लोग नहीं जानते थे। क्यों...क्या...कहाँ हम कुछ कर रहे हैं, इस बात की जानकारी, ऊपर से लेकर नीचे तक शायद होनी चाहिए, यही बेहतर है। दरअसल हम लोग विश्वासी पदातिक थे। हमसे जो कहा गया, विप्लव के तकाजे पर हम सबने किया! किसी ने कम दिया, किसी ने ज़्यादा! लेकिन कहाँ जा रहा हूँ मैं, यह जानने के बावजूद, किन लोगों के बीच जा रहा हूँ, वहाँ किन लोगों पर शासन-शोषण चलता है, कौन लोग चलाते हैं, प्रस्तावित संग्राम-भूमि किस किस्म की है—इन सबकी जानकारी के बिना ही मैं चल पड़ा था। मामूली-सी जानकारी होते-न-होते, मैं लौट भी आया। उसके बाद तो सरकारी मेहमान बन गया।

किन स्थितियों में निकल पड़ा था मैं! अमीर परिवार का दुलारा बेटा! डॉक्टरी पढ़ने गया था!

मेरा चेहरा शालप्रांसु महाभुज नहीं था। लेकिन रंग काफी गोरा-चिट्टा था। यार-दोस्त मज़ाक-मज़ाक में मुझे 'साहब' बुलाते थे।

डॉक्टरी पढ़ूं और अपनी हमपेशा सहपाठिन के इश्क में न पड़ूं, भला यह कैसे सम्भव है?

सह-शिआ के क्षेत्र में, मेरा वह पहला तजुर्बा था।

मैं अक्सर ही किसी न किसी लड़की की मुहब्बत में पड़ जाता था। अन्त में जीवन ने सचमुच एक अजीब इम्तहान में झोंक दिया। हर रोज़, मन ही मन मैं जिन लोगों की मुहब्बत में पड़ा होता था, बातचीत के दौरान वे सभी मेरी मित्र बन जाती थीं! अजीब आफत थी! उन सब में बकुल, मुझे सबसे ज़्यादा पसन्द थी, लेकिन किसमें इतनी हिम्मत थी कि उसके करीब जा सके?

उसने तो अरुण के मुँह पर ही सुना दिया था, 'यह आज़ादी झूठी है। यह क्या महज् एक नारा भर है? पार्टी की ऐसी मुसीबत के दिनों में कॉमरेड लोगों को पार्टी के कामकाज की फिक्र करनी चाहिए।'

वही अग्निकन्या, बकुल, अब परम सुख से अपने पति के साथ साल्टलेक में जा बसी है। दोनों ही प्राणी, सरकारी डॉक्टर थे। पश्चिम बंगाल के डॉक्टर्स फोरम से जुड़े हुए हैं।

घर में मैंने माँ, काकी माँ, भाभियों को देखा है। वे औरतें बिल्कुल अलग-थलग थीं। महामारी के दिनों में, मैं पिपुल्स रिलीफ कमिटी में शामिल हो गया। उसके बाद, मैं पार्टी के सम्पर्क में आया। यहाँ मैंने देखा कि यहाँ सभी मर्द-औरतें, सभी बिल्कुल अलग क़िस्म की थीं।

यह सन् 1948 की बात है!

इससे पहले, मेडिकल कॉलेज के पाँचवे वर्ष में ही, एक बार मैं अपने को बेहद महत्वपूर्ण मान बैठा था। महामारी के समय, मैं पिपुल्स रिलीफ कमिटी में कुछ तो काम कर रहा था।

सन् 1942 की महाप्रलय के साथ-साथ सन् 1943 की महामारी टूट पड़ी। सन् 1942 मे ही अगस्त-आन्दोलन भी हुआ था। उन्हीं दिनों काँग्रेस ने तमलुक में स्वाधीनता की घोषणा की। बाढ़ से बदहाल मेंदिनीपुर पर पुलिसिया अत्याचार, प्रचंड रूप से बरस पड़ा।

बहरहाल, सन् 1943 की महामारी तो मानव-रचित थी। फ़सल काटने के बाद, किसानों ने अपने धान बेच दिये। अंग्रेज सरकार ने विभिन्न तरीकों से वे धान-चावल खरीदकर जमा कर लिये। वह दूसरे विश्वयुद्ध का ज़माना था।

महामारी में कितने लोग मरे थे? कितने लाख?

कलकत्ता की हर सड़क पर कंकालो का स्तूप! ढेर की शक्ल में ट्रकों में लादा जाता रहा। आज जब मैं यह बात, अपने बेटे, पाब्लो को बताता हूँ, तो वह हँस पड़ता है।

उसने कहा था, 'बापी, ऐसी एब्सर्ड बातें मत किया करो।'

मेरे बड़े बेटे का नाम है—विप्लव। उससे काफी छोटे बेटे का नाम—पाब्लो!

नेरुदा की कविता तो मैंने बाद में पढ़ी।

दोनो बेटों के बीच में दो-दो बेटियों का नाम, मैंने जया और रोज़ा रखा था। यह महिला क्रांतिकारियों के नाम पर रखा था। जया को मैं 'भाइयाँ' या 'तानिया' बुलाता था। दोनो ने ही शादी कर ली है! दोनों ही अनिवासी भारतीय है। जया, जया ही रह गयी। रोज़ा ने लक्सेमबर्ग की अपेक्षा करते हुए, अपना 'रोज़ा' नाम बदलकर 'मेघना' कर लिया है।

बड़ा बेटा दिल्ली में कम्युनिकेशन इंजीनियर है।

छोटा बेटा और उसकी बीवी, दोनों ही डॉक्टर हैं। मेरे बड़े बेटे की बीवी का पेशा भी वही है।

मेरी पत्नी पूछती है, 'मैं भी अगर डॉक्टर होती, तो क्या होता, बताओ तो?'

'क्या होता, मणि?'

'समूची गृहस्थी बह जाती।'

नहीं, मणिका के खिलाफ मुझे कोई शिकायत नहीं है। ज़िन्दगी भर क्या कुछ नहीं किया। जिस दिन से उसने मेरे यहाँ क़दम रखा, तब से मेरी हिमायत ही करती रही।

यह जो मैं अपने संस्मरण लिख रहा हूँ, बेटे कहते हैं, 'इसे पढ़ेगा कौन?'

उनकी माँ का जवाब होता है, 'मेरे बेटे-बेटी या बहू या पोते-पोती हिन्दी और अंग्रेजी पढ़ते थे। अब सिर्फ अंग्रेजी पढ़ते हैं, हालांकि साहित्य या इतिहास पढ़ने में उनकी कोई दिलचस्पी नज़र नहीं आती।'

मैंने एक बार प्रकाश से ही कहा, 'देखो, विरादर, मेरे बेटे-बेटी, बिना कुछ जाने, बड़े हो गये। अब, पुरानी बातें वे जानना ही नहीं चाहते। हाँ, प्रबाल ने थोड़ा-बहुत अपनी माँ से जाना है। मेरी बात तो...वैसे मैं तो बहुत ज़्यादा व्यस्त रहा...उसे वक्त ही नहीं दे पाया।'

हम दोनों ही जानते हैं कि काफी सारी जगह खाली ही रह जाएगी।

प्रकाश ने कहा, 'जदुपति' दा ही समझदार निकले। गृहस्थी बसायी नहीं, किसने जाना, किसने याद रखा, वह इसकी बिलकुल परवाह नहीं करता। मैं तो कहूँगा, वही काफी मज़े में है।

प्रकाश जो सच छिपा जाता है, वह है, 'जदुपति' दा भी अर्सा हुए, पार्टी द्वारा विस्मृत कर दिये गये हैं। लेकिन अब पार्टी से सीधे-सीधे जुड़े हुए नहीं हैं। इसलिए सारी चोट सहने की आदत पड़ चुकी है।

यह भूल जानेवाली बात, इस विस्मृति का ज़िक्र क्या मैं प्रकाश से कर सकता हूँ भला? वह जैसा स्वाभिमानी और आत्मसम्मानी इन्सान है! वह हमारा समसामयिक है, बल्कि हमसे भी कुछ पहले का है। हमारे बाद के जो लोग हमें जानते-पहचानते

थे, क्या उनके बारे में भी सब कुछ भूल गये हैं? क्या यह सब याद रखा जा सकता है?

उसके बाद हर दशक में, पीढ़ी-दर-पीढ़ी आती गयी। उन लोगों में भी किसी ने कुछ नहीं जाना।

लेकिन वे लोग भूले नहीं, बिना जाने-समझे ही क़दम-दर-क़दम बड़े हाते गये। अब तो बूढ़े हो चले।

हम सब, जिन्हें अब तक 'कोसिल' हो जाना चाहिए था, हममें से बहुतेरे लोग आज भी बेहद सजीव हैं। खैर, छोड़ें! हाँ तो, मैं कह रहा था, महामारी के दिनों में जदुपति दादा और कुछेक अन्य लोग राहत-कार्य के लिए सुन्दर वन गये हुए थे।

जदुपति दादा ने पहले तो यह भाव दिखाया—'अब तो कुछ भी याद नहीं आ रहा है...सबकुछ भूल-भाल गया।'

'भूल-भाल गया' कहकर वे घर-बराम्दे में थोड़ी देर टहलते रहे। उसके बाद माँ की तस्वीर के नीचे आ खड़े हुए।

'अगले ही पल, होंठ दबाकर, माथे पर बल डालकर, वे हँस पड़े,' 'सन् बयानबे में गया था...मैं भी आसानी से जानेवाला नहीं हूँ।'

शायद कुछ देर वे किताबें-अखबार उलटते-पलटते रहे। उसके बाद ही उन्होंने इस भंगिमा में बातचीत शुरू की मानो काफी देर से ही ये बातें चल रही थीं।

'सन् बयालिस का आँधी-तूफान...समझे? सागरद्वीप, काकद्वीप ... सब बह गया था। काकद्वीप...से पैदल-पैदल ही जाना पड़ा...साथ में थे...'

'पार्टी को तो रिलीफ के लिए ख़ास रुपये-पैसे मिला नहीं था कि ज़िला-ज़िला में बाँटे...'

'तुम सब तो कलकत्ता में किचेन चला रहे थे। ज़िले-ज़िले में, जिसे कहते हैं,' 'हाहाकार मन्दोदरी' जैसी हालत थी।'

'हाहाकार मन्दोदरी' शब्द मैंने उनकी जुबानी, बहुत बार सुनी थी।

बाद में जब मैं भी काकद्वीप में उनकी साथ तेज़-तेज़ कदमों से चलता जा रहा था, मैंने पूछ ही लिया, 'दादा, यह 'हाहाकार मन्दोदरी' शब्द का मतलब क्या है?'

'यात्रापाला! यात्रापाला! जिसे कहते हैं यात्रा-नौटंकी! 'रावण-वध' पाला चल रहा था। रावण बेचैनी से छटपटा रहा था। उसे नींद नहीं आ रही थी। बीच-बीच में वह दृश्य के पार्श्व में जाकर, गर्दन मोड़कर कुछ सुनने की कोशिश कर रहा था। मन्दोदरी ने पूछा—"कुछ सुनायी दे रहा है, प्रभु! इस घोर निशीथ में सारी दुनिया गहरी नींद में सो रही है, युद्ध क्षेत्र में सिर्फ सियार ही शव देह को खींच-घसीट रहे हैं। आपको वह आवाज़ सुनायी दे रही है?'

बिहारीचरण मन्ना! उसका रावण का पार्ट काफी मशहूर रावण का संवाद गूंज उठा, 'हाहाकार, मन्दोदरी!'

यानी वह मन ही मन समझ चुका था कि रावण सेना का पतन निश्चित है। उसने वह हाहाकार सुना था।

सुन्दरवन में जब 'हाहाकार मन्दोदरी' जैसी हालत थी, बिल्कुल महाप्लावन की स्थिति! उसके बाद ही तो महामारी फैल गयी थी...महामारी!

'आप लोगों ने किसानों से जोट बाँधने को कहा था ?'

'मनोज, यह तो तुम बहुत पहले की घटना का ज़िक्र कर रहे हो। रिलीफ का थोड़ा-बहुत काम तो किया गया। उन दिनों रामकृष्ण मिशन को ऐसे आदमी की तलाश थी, जिसे वह सेंटर की जिम्मेदारी सौंप सके। मेरे बड़े भइया उन दिनों मिशन में ही थे। सन् 1939 से मैं कम्युनिस्ट पार्टी में...उन लोगों ने जानबूझकर तीन-तीन सेंटरों का काम सौंप दिया। उसके बाद तो महामारी...। जोगेन बारिक दौड़कर चला आया! जोगेन बारिक...'

यह कहते-कहते जदुपति दादा अचानक खामोश हो गये। काफी देर तक वे ख़ामोश रहे।

थोड़ा ठहरकर उन्होंने कहा, 'अब तो जोगेन भी नहीं रहा। उन दिनों जोगेन भी मर गया। अब, ये बातें रहने दो, मनोज!'

मेरा मन जाने कैसा तो हो आया। इस उम्र में यूँ मैं ख़ास विचलित नहीं होता। फिर भी उन्होंने इतना कुछ सहा...इतना कुछ झेला!

उन्होंने जेल की सज़ा काटी, उसके बाद भी खाकर या भूखे रहकर जीते रहे ...लेकिन अचानक आन्त्रिक रोग के शिकार हुए और चल बसे।

जदुपति दादा का जिक्र यहाँ आयेगा ही। उसकी भक्त श्रोता थी—मणि! मेरा संवाद उसी से चलता रहा।

सन् 1943 में पार्टी ने जदुपति दादा से किसान सभा की जिम्मेदारी लेने को कहा।

सन् 1946-47 में जदुपति दादा तेभागा के काम में जुट गये। वे अकेले नहीं थे, और भी कई लोग थे—किंकर विश्वास और भी कई-कई लोग! लेकिन जदुपति दादा, उपनाम 'नारान' बेशक एक प्रकांड नेता थे। अन्त में काकद्वीप की माटी जकड़े हुए पड़े रहे।

मुझे अच्छा लग रहा है...ये सारी बातें लिखते हुए, अच्छा लग रहा है...!

मैं डॉक्टरी पास कर चुका था। छः महीने इन्टर्न ड्यूटी भी की और पास हो गया। घरवालों का प्रबल दबाव—अब विवाह कर लो! विवाह कर लो! बप्पा और भाइयों को यह डर था कि लड़का कम्युनिस्ट हो गया है। कहीं, किसी कम्युनिस्ट लड़की से ही ब्याह न कर ले।

माँ को इतनी सब समझ नहीं थी।

सुजाता मुखर्जी ने जब डेविस से शादी कर ली, तो माँ ने पूछा, 'तू तो इतनी तारीफ किया करता था...सुना है कि तेरी पार्टी की लड़की ने गवरमेंट से ब्याह कर लिया...!'

बप्पा और भाई लोग राजनीति को अहमियत नहीं देते थे। सभी नौकरी कर रहे थे, अपना कहने को ऐसा मकान था, देश में शांति थी...फिर पार्टी-पार्टी क्या करना?

मेरे एक मामा थे। वे कहा करते थे, 'प्रह्लाद कुल में एक दैत्य पैदा हुआ है।'

यह जुमला भी माँ के कानों में बजता रहता था। हाय-हाय रे! उनका रिंगु, गोरा-चिट्टा बेटा भला दैत्य क्यों होने लगा? डॉक्टरी भी पास कर ली है। अब, उसके लिए दुल्हन ले आऊँगी।

लेकिन, उन्हें भी दहेज लेने का कभी ख़्याल नहीं आया। उन दिनों जिस मध्यवित्त बंगाली समाज में मेरा घूमना-फिरना था, उसमें ब्याह के समय माँ को प्रणामी-साड़ी, बर्तन-भांड़े देने को कहा जाता था। दहेज की माँग नहीं की जाती थी।

यहाँ तक कि दौलतमंद परिवार है, लोक-दिखावे के लिए उनका भी ज़्यादा ख़र्च करने को, नेक-नज़र से नहीं देखा जाता था। सन् 1950 की घटना है। हमारे किसी डिप्टी मजिस्ट्रेट रिश्तेदार ने अपनी बेटी की शादी में बारह हज़ार रुपये ख़र्च कर डाले।

बप्पा ने सिर हिलाकर कहा, 'अरविन्द, तुमने समाज के नजरिये से यह काम अच्छा नहीं किया। यह जो तुमने लोक-दिखावे पर ख़र्च किया, यह देखकर और-और लोग भी तुम्हारी राह पर चल पड़ेंगे।'

बारह हज़ार! यह सुनकर मेरे बेटे-बेटी भी हँसे थे। उन लोगों को भला क्या पता कि सन् 1950 में बारह हज़ार रुपयों की ख़रीद-क्षमता कितनी थी।

चलिए, फिर अपने जीवन में लौट चलें।

हाँ, तो मैं सन् 1943 का जिक्र कर रहा था। उन दिनों पिपुलूस रिलीफ कमिटी से जुड़कर, मैं कमिटी के काम करता रहा। उन दिनों भी मैं निरा छात्र ही था। मगर चूँकि मैं मेडिकल स्क्वैड में शामिल था, काफी गर्व महसूस करता था। वे सब कैसे तो दिन थे! कैसे दिन गुज़रे! पार्टी पर कैसा अटल विश्वास! विप्लव आ रहा है! आयेगा ही! फासी-विरोधी युद्ध में पार्टी अंग्रेजों का समर्थन कर रही थी, यह भी सच है। लेकिन ब्रिटिश साम्राज्यवाद कायम रहे, पार्टी यह तो हरगिज़ नहीं चाहती थी।

वाकई वह भी एक समय था। बहु बाज़ार में स्थित घर की दूसरी मंजिल पर पार्टी का दफ़्तर था। तीसरी मंज़िल में सुकान्त का परिवार रहता था। उन दिनों सुकान्त को देखा भी था। कौन जानता था कि वही सुकान्त किसी दिन किंवदन्ती बन जाएगा?

सन् 1945 तक कम्युनिस्ट लोग काँग्रेस के साथ थे। सन् 1942 से युद्ध में भिन्न शक्तियों को समर्थन देने की वजह से कम्युनिस्ट लोगों को 'देशद्रोही' के विशेषण से चिन्हित किया गया।

राष्ट्रीयतावादी उन्मादना ने सन् 1942 के आन्दोलन को इस क़दर बढ़ावा दिया कि मुझे भी गर्व होता था। हाँ, मैं व्यक्त नहीं कर सकता था, मेरी बात सुनता भी कौन? सन् 1945 के अन्त तक पार्टी, काँग्रेस से बहिष्कृत कर दी गयी।

इसके अलावा भी, ढेरों बातें थीं जो जदुपति दादा जैसे लोग ही जानते होंगे। घटना यह हुई कि सन् 1946 से 47 तक, 'तेभागा' का गठन हुआ। काकद्वीप ही परीक्षा क्षेत्र था, यह मैं नहीं जानता था।

सोनारपुर में पुलिस ने जब गोली चलायी, उन दिनों मैं पाँचवे वर्ष में था।

मुझे वहाँ भेजा गया। कैसा उन्माद जाग उठा था मुझमें! चूँकि मैं डॉक्टरी पढ़ रहा था, इसीलिए मुझे इतना सम्मान मिला।

मेडिकल कॉलेज के बाहर, एक शख़्स मर्तबान में जोंक लिये बैठा रहता था।

कॉलेज के अन्दर विज्ञान

कॉलेज के बाहर जादू-टोना,

गठिया के शिकार, बहुतेरे लोग वहाँ बैठकर अपने पाँव में जोंक लगाते थे। जोंक पीड़ा की जगह से, खून चूस लेता था। मैंने तो सिर-दर्द की वजह से कनपटी की नसों में भी जोंक लगवाते हुए देखा है।

बकुल भी वहीं खड़ी थी। मैंने देखा, उसका चेहरा मारे गुस्से के तमतमाया हुआ था। बकुल को अपने लिए खड़ी देखकर, मैं 'कैमिली' की लेसली हावार्ड की तरह रोमांटिक हो उठा।

मणि कहती है कि जब मैं रोमांटिक होता हूँ, तो मेरे चेहरे से साफ़ पता चल जाता है। उस वक्त मेरा चेहरा बुद्धू-बुद्धू जैसा हो आता है।

हाँ, तो मैंने बकुल से पूछा, 'आप कुछ कहना चाहती हैं, कॉमरेड?'

कॉमरेड! पुकारना, हाथ की मुट्ठियाँ कसकर, 'लाल सलाम' उछाल देना—इन सबके पहले तजुर्बे का थ्रिल किसे समझाया जा सकता है?

अब, जो शख़्स लिख रहा है, उसके माथे के बाल अब कम हो चुके हैं। चेहरे पर हमेशा मुस्कान! अड्डेबाज़ी उसका सबसे प्रिय नशा था। इसके बाहर चाय और पान-ज़र्दा!

बकुल ने पूछा, 'आप सोनारपुर जा रहे हैं?'

'आप भी जा रही हैं?'

'पार्टी भेजती, तो ज़रूर जाती। वैसे भी किसी न किसी दिन ज़रूर जाऊँगी।'

'बकुल सोनारपुर की लड़की थी। कलकत्ते में पार्टी कम्यून में रहती थी।'

सोनारपुर में फायरिंग हुई थी।

उस रात मैं जादवपुर इंजीनियरिंग मेस में ठहर गया। उन दिनों जादवपुर के छात्र-समाज काफी मदद करते थे। अगले दिन लगभग शाम ढले, कुछ दूर साइकिल पर, कुछ दूर पैदल-पैदल चलकर मैं सोनारपुर पहुँच गया। वहाँ जाकर जो

तजुर्बा हुआ, मैंने सिर पीट लिया। उसी आधार पर मैंने एक रिपोर्ट लिख मारी, मानो मैं कितना अनुभवी हूँ, कितनी अभिज्ञ हस्ती हूँ।

वे सब रिपोर्ट कहाँ जाती थीं, उनका नतीजा क्या निकलता था, यह भला कौन जानता था!

लेकिन मेडिकल स्क्वैड में 'अपूर्व' दा के सभी सवालों का मैंने जवाब दिया था।

'अपूर्व' दा जब कभी किसी आलोचना में बैठते थे, तो उनकी मुट्ठियाँ कस जाती थीं और वे अपने बाल नोंचने लगते थे। उस वक्त मुझे ऐसा लगता था कि उनके सारे बाल टूट-टूटकर गिर जाएँगे।

केरला का वासुदेव कहता था, 'ऐसा करना बेहद साइंटिफिक है! विशुद्ध वैज्ञानिक! इससे बालों की जड़ों की कसरत हो जाती है।'

ख़ैर, वह तो हर बात को साइंटिफिक कहता था, हालाँकि उसका विश्वास नितान्त अवैज्ञानिक था। उसका विश्वास था कि वह इकतीस साल की उम्र में मर जाएगा। वह कहा करता था–ह्वाई नॉट मैन? मेरे दादा उसी उम्र में मरे, बाप भी उसी उम्र में टें बोल गये।

'अपूर्व' दा उसे मीठी-सी झिड़की देते थे, 'अभी भी पाँच बरस बाकी हैं न? ये पाँच वर्ष यह फिजूल की बकवास बंद रखो।'

बहरहाल, अब मुझे लगता है कि उस रिपोर्ट में मैंने गहरा पांडित्य छाँटा था। वही रिपोर्ट हाथों में लेकर, मुझसे सवाल किये जाते रहे और मैं जवाब देता रहा मैं जानता था, बाकी काम पार्टी ही कर लेगी। जहाँ मैं गया था, वह दूरी के नज़रिये से कलकत्ता से ख़ास दूर नहीं था, लेकिन कितनी दूर था, यह मैं क्योंकर समझा सकता था?

सुनने में आया है कि आजकल लोग-बाग़ सर्र से काकद्वीप पिकनिक मनाने पहुँच जाते हैं। तो क्या दूर अब करीब आ गया है? या करीब ही, और करीबतर आ पहुँचा है? मुमकिन है, अभी भी ऐसी ढेरों जगहें बच रही हों, जहाँ के लोगों के लिए, कलकत्ता दूर ही रह गया हो। क्या पास, क्या दूर!

कुछ वर्ष पहले, बड़े भइया की पोती की शादी में शामिल होने के लिए कलकत्ता गया था। बातचीत के जरिये मैं जिस किसी व्यक्ति से पल भर में, दोस्ती जमा सकता हूँ। इसीलिए तो मेरी पत्नी 'घर जलावन, लोग लुभावन' बंदे हो तुम। मुझे पता चला कि बड़ी भाभी को जो लड़की करवट बदलवाती है, तेल मालिश करती है यानी सेविका का काम करती है, वह बकरवाली की लड़की है। बकरवाली का नाम सुनते ही मेरे सीने में कैसी तो पुलक जाग उठी। मानो मन के किसी कमरे में पर्दे पर पर्दा, क़तार-दर-क़तार पर्दे झुला दिये गये हों। मैं उस कमरे के खिड़की-दरवाजे कभी नहीं खोलता, धूल-अंटे व पर्दे अब मटमैले हो गये हैं और भारी भी! 'बकरवाली' नाम सुनकर, वे पर्दे हल्के-से लहरा उठे।

मैंने पूछा, 'नाम क्या है तुम्हारा, लड़की?'

'रुमकी दास!' हँसकुट्टी लड़की थी, हँस पड़ी।

'तुम्हारा गाँव क्या वहीं है?'

बड़ी भाभी बोल पड़ीं, 'कैसा गाँव? अरे ये लोग उस पार के बंगाल के लोग हैं। उसके बाप को नहीं देखा? निताई बाबू को? तुम्हारे बड़े भइया का ड्राइवर!'

'अच्छा! अच्छा!'

मैंने अकेले में पत्नी से कहा, 'रुमकी बड़ी प्यारी लड़की है! इसे नायलॉन की एक साड़ी ख़रीद देना तो!'

पत्नी ने मुस्कराते हुए जवाब दिया, 'उसने तो पहले ही सलवार-कमीज़ की फर्माइश कर रखी है।'

चलिए, सन् 1948 में ही लौट चलें। मैं सोनारपुर शहर में तो नहीं गया था, बल्कि काफी भीतर की तरफ गया था। वहाँ की हालत देखकर, काफी क्षुब्ध मन से वापस लौटा। रिपोर्ट में ढेरों तथ्यों में ढेर सारा आवेग दिलाकर, मैंने पटर-पटर लिख मारा। मसलन—पुलिस अगर गोली-बारी के बाद, उस जगह को बाघबन्दी के कौशल से चारों तरफ से घेर ले, तो वहाँ राहत-सामग्री लेकर कौन जाएगा? कैसे पहुँचता वहाँ तक? पुलिस की कड़ी निगरानी है वहाँ! न मक्खी अन्दर घुस सकती है, न चींटी बाहर आ सकती है। नहीं, नहीं सैकड़ों की तादाद में पुलिस नहीं आयी थी!! गाँव के ही कुछ लोग, 'घर के भेदी, विभीषण' हैं! वे भी कड़ी नज़र रख रहे हैं!

वहाँ डॉक्टर? जिसे उन्होंने नाम दिया है—'अरे, छिः छी! राम! राम!' सुनिये, अपूर्व' दा, वहाँ हकीमी-कविराजी-होमियो-जल फूँककर पिलाना-ओझागीरी, नॉन-एम एस एलोपैथ (यानी जिन लोगों ने कैम्बेल मेडिकल स्कूल का चेहरा तक नहीं देखा)—ऐसे ढेरों चिकित्सक मौजूद हैं। लेकिन उन लोगों का बल-भरोसा तो वही जोतदार, लाटदार और उनके मुनीम-गुमाश्ता, नायब, क्लर्क वगैरह हैं। ये लोग हैं और साथ में है—पुलिस चौकी या थाना। ये लोग भी निरे निकम्मे नहीं हैं। गाँव-देहात का काम तो चला ही देते हैं। ये लोग कभी भी लाटदार-जोतदार-पुलिस के दुश्मनों का इलाज नहीं करते।

ऐसी हालत में हमारे किसान कॉमरेड अगर गंभीर रूप से घायल हो जायें, तो बिचारे भाग भी नहीं सकते। पुलिस भी उन्हीं लोगों को ही पकड़ती है।

पार्टी में मेडिकल कैडर कितने हैं? जरूरत की तुलना में काफी कम। गाँव-गंज के लोगों के पास हों, इतने तो हरगिज नहीं हैं।

अपूर्व' दा ने बाल खुजलाते हुए कहा, 'यह जब तुमने क्या लिख मारा है। यह पढ़कर तो निराशा से छाती फटने लगती है।'

'उपाय भी...लिखा है...वैसे यह मेरी निजी राय है।'

मैंने लिखा था कि हम लोग उन्हीं लोगों में से चुनकर, निजी मेडिकल कर्मी

तैयार कर सकते हैं। जमम मिले, सरंजाम मिले, तो वे लोग भी गाँववालों के काम आ सकते हैं।

हमें याद रहे कि युद्ध के दिनों में कॉलेज-कॉलेज में रेडक्रॉस की तरफ से औरतों को फर्स्ट-एड सिखाया जा रहा था। बड़ी भाभी की बहन से यह ख़बर पा कर, मेरा उत्साह काफी बढ़ गया था।

मुझे प्रचुर उत्साह या जोश दिलाने के लिए, किसी असम्भव काम में उतारने के लिए छोटी-मोटी टीम ही काफी थी।

इस घटना के पन्द्रह वर्ष बाद, मैंने एक किताब पढ़ी—'जहाँ डॉक्टर नहीं है।'

बाइस वर्ष बाद, सन् 1970 से मैंने बिलकुल अनपढ़ लोगों को पकड़-पकड़कर, खुद ही स्वास्थ्य कर्मी और चिकित्सा कर्मी तैयार किया।

लेकिन 'समय और सरंजाम पाने' की बात, ऐतिहासिक उक्ति ही बनी रही।

सन् 1949। उन दिनों पार्टी गैर कानूनी थी। बहु बाजार पार्टी कार्यालय में ताला पड़ा था। पिपुल्स रिलीफ कमिटी के जरिये पार्टी की तरफ से बुलावा आया।

काकद्वीप जाना था। मैंने तैयारी पूरी कर ली। मुझ पर चौबीस परग़ना के लिए मेडिकल यूनिट बनाने की जिम्मेदारी सौंपी गयी।

कहाँ गया शर्ट-पैंट-कोट पहनने का शौक? यह पोशाक पहनकर डॉक्टरी करने का सपना देखा था कभी! वह सपना ट्रंक में ही कैद होकर रह गया। युद्ध के समय राशन में मोटी धोती और शर्ट के लिए मोटे-मोटे कपड़े मिलते थे। युद्ध का स्थायी अवदान था—बाज़ार से सौदा-सुलुफ लाने के लिए बोरे का थैला! सन् 1941 तक मोटिया-मजूर सिर पर सामानों का झांका उठाये आते-जाते नज़र आते थे। बाँस की छाबड़ी में मछलियाँ लायी जाती थीं।

युद्ध के दौरान ब्लैकआउट के दिन! गिद्ध-चीलों का हाहाकार! मिट्टी के तेल के साथ-साथ, बोरे की थैली लिये, पार्टी की किशोरवाहिनी उन दिनों गाया करती थी—

उठा देश के भीषण हाहाकार
सोने का भारत (या बंगाल?) हुआ, रे छार छार!
दाम चुकाओ, फिर भी चीज़ न पाओ
धान-चावल-आटा-मैदा हुआ जा रहा गायब
किरासिन के अभाव में आज, घर-घर अंधकार
खुदरा नहीं है, हाय रे हाय, कैसे करें हाट-बाज़ार?
यह सब मैं याद से लिख रहा हूँ।
सन् 1943-44 का गाना था, भूल-चूक भी हो सकती है।
ब्लैकआउट की ज़रूरत कम ही पड़ी।
लोडशेडिंग बनी रही।
खुदरा या रुपये-दो-रुपये बीच-बीच में ग़ायब होते रहे,

किरासन का अभाव भी बना रहा
और बच रही बोरी की थैली।

अब उस थैले ने 'बैग' नाम लिया है। यह थैला नये-नये रूपों में आता रहता है। लेकिन दूसरे महायुद्ध ने ही हमें बोरी के थैले से परिचित कराया।

उसी तरह के बाज़ारिया थैले में एक अदद धोती, कमीज, गमछा तले डॉक्टरी सरंजाम, दवाएँ वगैरह लेकर, मैं गाइड के साथ, चौबीस परगना में मेडिकल यूनिट तैयार करने के लिए चल पड़ा।

कैम्बेसिस के नये जूते काफी कष्ट देते हैं। डायमंडहार्बर तक ट्रेन से, उसके बाद पैदल-पैदल, बीच-बीच में नाव का सफ़र, फिर पैदल-पैदल—दोनों पाँवों में बड़े-बड़े फफोले उभर आये। अपने को बेहद निरुपाय, बेहद तुच्छ महसूस कर रहा था, क्योंकि इतना अनन्त आकाश, इतने सारे धानखेत, इतनी सारी संकरी-मंझोली अनगिनत नदी-झील, नग्नप्राय, मरगिल्ले माँझी, पतली-पतली डोंगियाँ, बीच-बीच मे अरबी पत्तों के जंगल—यह सब मैं पहली बार देख रहा था। उन दिनों कलकत्ता भयंकर जन-संकुल शहर नहीं था। आज वहाँ टालीगंज-बेहाला-जादवपुर स्थित है, उन दिनों वहाँ बाँस-झाड़, गाँव, पोखर, कच्चू पत्तों का वन, सब्ज़ी खेत, बीच-बीच में धानखेतों के टुकड़े नज़र आते थे। लेकिन वहाँ भी इतना विशाल, इतना उदासीन और सुदूर आसमान, नैंने नहीं देखा था। ज़ाहिर था कि इस क़िस्म की यात्रा, किसी किसान के आँगन में ही ख़त्म होनी थी। वही हुआ भी!

अधेड़ किसान के चेहरे पर हँसी खिल आयी। वह किसान था, जात किसान! छोटे-छोटे बाल! तेल के अभाव में बदन और सिर रूखे-रूखे! बदन पर आठहाथी जल-धोती! जी-हाँ, उन दिनों भी बदन पर तेल चुपड़कर, नहाने के लिए 'तेल धोती' पहनी जाती थी। 'जल-धोती' का प्रचलन आम था, खासकर गाँवों में अधिक था। करीब जाओ, तो बदन से तेल-तम्बाकू की गंध। उस किसान की देह मांसल नहीं थी, मगर काठी बेहद मज़बूत! उसकी हँसी भी ग़ज़ब की थी! उसकी आंखें भी हँसती हुईं।

गाइड के अभ्यर्थना की, 'कुंज दादा!'

यानी हमारे जदुपति दादा!

उनका पहला वाक्य—'ए-ड्ढे, यह तो किसी गोरे साहब को भेजा है, जी। ए कॉमरेड, यह कैसी चमड़ीवाला है, जी?'

मैंने सिर झुकाये-झुकाये जवाब दिया, 'जी, बदल जायेगा।'

'हाँ, बदल तो जायेगा ही! कुछेक महीनों में ही बदल जायेगा। चलो, रहें यहाँ—'

ठीक-ठीक तो याद नहीं, मगर शुरू-शुरू में जदुपति दादा ने मुझे 'आप' कहकर ही सम्बोधित किया था।

मैंने काफी एतराज जताया, मगर वे 'आप' कहकर ही बातचीत करते रहे। बाद में भी मैंने गौर किया कि सैकड़ों मिन्नतों के बाद भी वे 'तुम' कहने को राज़ी नहीं हुए।

उन्होंने कहा, 'यह तो मेरा विरल सौभाग्य है।'

उसी 'जदुपति' दा नाम को मैं प्रतिदिन प्रणाम करता हूँ।

मेरे पैरों में छाले देखकर उन्होंने कहा कि मैं उसका पानी निकाल दूँ।

बाज़ार से सौदा लानेवाली उनकी थैली, मानो जादू का पिटारा थी। उस थैली में सबकुछ मौजूद रहता था। उन्होंने सीरिंज निकालकर, खुद ही छाले फोड़कर पानी निकाल दिया और रेक्टिफाइड स्पिरिट लगा दिया।

उन्होंने कहा, 'सोनाखाली में सब लोग इन्तज़ार कर रहे हैं, जी! वहाँ जाकर खुद ही पता चल जायेगा तुम्हें। लेकिन, हाँ, जूतों का मोह तुम्हें त्यागना होगा और दो ही दिनों में स्वस्थ हो जाना होगा।'

अगले दिन ही आश्रयदाता किसान कॉमरेड की मेहरबानी से मेरा नाम पड़ा—गोरा डॉक्टर!

जदुपति दादा ने कहा, 'गोरा तो गौरांग चैतन्य का नाम है, जी!'

गोरा किसी साहब को कहते हैं, यह बात मुझे बाद में मालूम हुई। बहुत पहले से ही, पाँच सौ सालों से गोरा नाम प्रचलित है।

दो दिनों में ही मैंने देख लिया कि किसानों की बहू-बेटियाँ कितनी निःसंकोच हैं। कॉमरेडों पर कितना भरोसा करती हैं।

जटा की माँ, जटा को लेकर आयी और बेहद सहज भाव से उसने कहा, 'ज़रा, एकी नाड़ी देख दे, कॉमरेट! हर बखत जैसे ताप चढ़ा रहत है।'

सोनामुखी जाते हुए मैंने गौर किया, औरतें जाने कितनी दूर-दूर से पानी भरकर लौट रही थीं। मुझ पर नज़र पड़ते ही, वे मेड़ों से नीचे उतर जाती थीं। जदुपति दादा ने बताया कि पीने का पानी, उन लोगों को पोखर से ही लाना पड़ता था। पुराने लाटदार पेय-जल का तालाब खुदवाते थे और उनकी चारों तरफ ऊँचे घाट बनवाते थे, ताकि गाय-बकरी वहाँ न घुस पायें। उस पोखर में नहाने, बर्तन माँजने या कपड़े धोने की मनाही थी। बाद में यह सब भी...और सन् 1946-47 से तेभागा का मामला छिड़ गया। वहाँ से सभी लोग भाग खड़े हुए। अगर वहाँ कुछेक लोग मौजूद भी थे, तो साल-दर-साल तालाब के घाटों की मरम्मत नहीं कराते थे, तालाब की साफ-सफ़ाई भी नहीं होती थी।

यह बात तो मैंने बहुत बाद में जानी कि कभी बकुल भी आयी थी यहाँ। वह कुंज' दा के पास आयी थी और वहाँ काफी दिनों तक रही भी थी।

नहीं, मैंने उसे नहीं देखा।

सोनाखाली में अनपढ़, लगभग अनपढ़ शिक्षार्थियों ने मुझे आवाक् कर दिया।

झोंप-झाड़ से घिरे उस झुटपुटे गाँव में, टैमी की रोशनी में, काले कपड़े के ब्लैकबोर्ड पर चॉक से तस्वीरें आँक-आँककर, कमोबेश एनाटॉमी, ज़ख्मों के इलाज के बारे में सिखाना, किसी भी डॉक्टर के जीवन में अनन्य तजुर्बा होता है!

चार दिनों बाद ख़बर आयी कि मुझे तड़ित के पास पहुँचना है। तड़ित उन दिनों काकद्वीप-तेभागा को एक सशस्त्र जंगी संग्राम में परिणत करने आया था। पार्टी ने ही उसे वहाँ भेजा था।

यह सब सुनकर जदुपति दादा ने सिर्फ इतना ही कहा, 'तड़ित वास्तव में तड़ित है। मुझसे...दस साल छोटा है...!'

पार्टी अनुशासन में खुद आगे बढ़कर कुछ पूछने या बे-ज़रूरत बातें करने की सख्त मनाही होती है। हम लोग पार्टी की हर बात मानते थे।

ख़ैर, मानना तो पड़ता ही है। शृंखला की तो सबसे पहले ज़रूरत पड़ती है, क्योंकि मैं पार्टी का सदस्य था। जैसे मुझसे हमेशा अनुशासन शृंखला की अपेक्षा की जाती थी, पार्टी भी मेरे सुख-दुःख, विपद-आपद में मुझे देखेगी, यही उम्मीद की जाती थी।

हाँ, तो जदुपति' दा का नाम गाइड ने बता ही दिया था। तड़ित को मैं काफी लम्बे अर्से तक तड़ित नाम से ही जानता था। ख़ैर, यह दूसरी बात थी। उन दिनों किसका उपनाम तड़ित है, यह किसी ने नहीं बताया।

सोनाखाली और समीपवर्ती अंचल, नहर और संकरी नदी की जाल में गुंथा हुआ था। मध्यवर्ती सारे भूखंड मानो द्वीप हों। गाँव के नाम पर चंद झोंपड़ियाँ, बेशुमार झोंप-झाड़। वहाँ दूर-दूर के अंचल में झड़बेरी-करौंधे-केवड़े के पेड़! यहाँ तक कि जिस वजह से 'सुन्दर वन' नाम दिया गया था, वे विरल 'सुन्दरी' पेड़ भी मैंने देखे थे।

सोनाखाली से एक बेला भर का सफर तय करके, कटाल! मैंने देखा सुन्दर वन में शाम अचानक उतर आती थी। मैंने यह भी देखा कि लोग सूर्योदय के साथ अपना दिन शुरू करते थे, सूर्यास्त के बाद खा-पीकर सो जाते थे। ऐसा कोई काम भी नहीं था कि बत्ती जलाने को ज़रूरत पड़े और सुन्दर वन, खासकर काकद्वीप अंचल तो उन दिनों मुजरिम इताका समझा जाता था। किरासिन शायद ही कभी, कहीं मिलता था।

मैं एक झोंपड़ी के सामने आकर रुक गया। दरवाज़े पर चटाई बिछाकर, एक अधेड़-से सज्जन बैठे हुए थे। निकष काला रंग, सुतवाँ नाक, दोनों आँखें टॉर्च की तरह जलती हुईं। लालटेन की टिमटिम रोशनी में वे कुछ लिख रहे थे।

—आओ, आओ, गोरा डॉक्टर, तुम्हारी ही राह देख रहा था।

गहरी श्रद्धा के साथ मैं उनके क़रीब जाकर बैठ गया। काकद्वीप को सशस्त्र कृषि-क्रांति तक पहुँचाने वाले सेनापति के सामने मैं तो निपट अदना-सा सिपाही

भर था। उनके करीब बैठे-बैठे मैंने अन्दाजा लगाया, उनकी उम्र 28-29 वर्ष होगी, लेकिन इंच-दर-इंच वे कमांडेंट थे। अगर इस इन्सान के हाथ में पतवार हो, तो मैं डोंगी में भी सवार होकर, बड़ाम नहर तक भी जा सकता था, बिलकुल निश्चिन्त मन से!

उन्होंने कहा, 'उपनाम बलराम है, जो इन लोगों ने ख़ारिज कर दिया है। तुम मुझे तड़ित ही बुला सकते हो।'

थोड़ा ठहर कर उन्होंने फिर कहा, 'जदुपति' दा की नज़र में मैं अपराधी बन गया हूँ। जंगी कैडर के तौर पर मुझे भेजने का मतलब है कि उनके दीर्घ संघर्ष और संगठन का सही-सही मूल्यांकन नहीं हुआ। जो शख़्स यहाँ की माटी कसकर थामे हुए काम कर रहा है, जन-गण के बीच पड़ा हुआ है, दूर बैठे-बैठे संग्राम का नतीजा देखकर, उनके बारे में कोई धारणा क्या बनायी जा सकती है?'

यह था तड़ित! पार्टी के निर्देश पर वह चला आया था। ज़रूरत पड़ी तो वह अपनी जान तक दे सकता था। लेकिन, मन का संशय उसके चेहरे पर कभी-कभार जाहिर हो ही जाता था।

तड़ित ने फिर कहा, 'लो, अब थैला उतारो। किसी नयी जगह काम करने आओ, तो पहले उस जगह का इतिहास-भूगोल और इन्सानों को जान लेना बेहद ज़रूरी है। अच्छा, इस वक्त एक मीटिंग है, चलो।'

माझी ने बताया था, 'विनके पीछे तो पुलुस घूमत है। वह मानस तो आज ईहाँ, तो कला ऊहाँ!'

मीटिंग में करीब पच्चीस किसान मौजूद थे। एक वाक्य में कहा जाये, तो तड़ित की बातें मानो अग्निगर्भ थीं। उसकी जुबान से शब्द नहीं, आग बरस रहे थे।

"हम सब खूब कर रहे हैं, बड़ी मेहनत कर रहे हैं, जैसे ही यह सोचा कि अरे! अरे, भार तो अभी आयी है, और भी आएगी! धान तुम्ह सबके गोलों में उठेंगे। लेकिन, उन्हें मावा खाने की आदत है। इतनी आसानी से नहीं छोड़ेंगे। लड़ाई..."

सारे किसान बोल उठे, 'होकर ही रहेगी। लड़ाई क्यों नहीं होगी? आखिर क्यों? घर की माँ-बहू-बेटियाँ खेतों में हँसिया-दाँव-कुल्हाड़ी पर सान दे रही हैं, तो दिये जा रही हैं! कैसी-कैसी गालियाँ देती हैं! कहती हैं—तुम सबन घर की चिन्ता छोड़ों! कउनो चिन्ता मत करो। कमरेट जो बोलें, जाकर वही करो।"

तड़ित ने कहा, 'देखो, यह गोरा डाक्टर आया है। इनसे तोते की तरह सब सीख लो। अच्छी तरह सीख लो! लड़ाई होगी, तो घाव-जख़्म भी होगा, उस समय सा-री जिम्मेदारी लेना होगी।'

उस समय राशन से प्राप्त धोतियों को फाड़कर टुकड़े-टुकड़े करके बैंडेज, रोल बनाने का काम चल रहा था। तड़ित ने हाथ उठाकर, खामोश हो जाने का इशारा किया, सब बिलकुल चुप हो गये। अब तड़ित बात करेगा, वे लोग सुनेंगे।

काले-काले चेहरों पर क्या प्रत्याशा थी! तड़ित लोगों को 'मोटिवेट' करना जानता था (उन दिनों 'मोटिवेट', 'रिऐक्शन' वगैरह शब्द ख़ास चालू नहीं हुए थे। चूँकि मैं उस बारे में आज लिख रहा हूँ, इसलिए 'मोटिवेट' शब्द इस्तेमाल कर रहा हूँ)। उसके जैसा कुशल प्रेरक, मैंने आज तक नहीं देखा, देखूँगा भी नहीं।

'दुश्मन हमला करने वाले हैं! हमें जंग के लिए तैयार रहना होगा—' तड़ित ने अपना वक्तव्य शुरू किया। उसने अपनी आवाज़ ऊँची नहीं की, मगर उसकी बातें मानों आग के गोले हों! अग्निगर्भा!

आग उगलते भाषण तो आजकल बहुतेरे लोग देते हैं। कौन-सा राजनैतिक दल भाषण नहीं देता? भाषण! भाषण!! भाषण!!! दल-उपदल पार्टी-ग्रुप—हर दल का विक्षुब्ध समुदाय, विक्षुब्ध समुदायों में भी उप-समुदाय—ऐसा लगता है, मानो वर्तमान स्वार्थी मनोरथ से ही सबकुछ घट रहा है। भाषणों की गोलियों का आदान-प्रदान जारी रहता है। अखबारों में उनका प्रकाशन चलता रहता है। यह एक भयंकर माहौल है, जिसकी आड़ में मौलिक अधिकारों से बलात्कार जारी है। माटी पर पैर जमाये, वंचित, निर्यातित, शोषितों का हाथ थामकर, बहुत कम ही लोग भाषण देते हैं, क्योंकि जिनका हाथ थामा जाता है, उनके साथ रहना भी पड़ता है।

ये सब आज की बातें हैं। वर्तमान व्यवस्था के रंग-ढंग देखते-देखते, मैं बीतश्रद्ध हो उठा हूँ, इसीलिए आज, यह सब लिख रहा हूँ। लेकिन उन दिनों मुझे नहीं लगता कि पार्टी का कोई भी वक्ता, इन्सानों के साथ खड़े हुए बिना भाषण देता था।

'...कॉमरेड, धान खेतों को हनने लड़ाई का मैदान बना डाला है। दुश्मन आ रहे हैं, हमें घेरने वाले हैं। अब, गोलियाँ चलेंगी, जंग होगी। लोग जख़्मी होंगे। हमें भी, अगर मरना पड़ा, तो मर जायेंगे, मगर पलट-वार ज़रूर करेंगे। उन लोगों में से कुछ को मारे बिना, नहीं मरेंगे। हमारे कॉमरेड गोरा डॉक्टर, सोनाखाली में, चार दिनों तक ट्रेनिंग देकर, यहाँ आये हैं। हम सब हर वक्त, हर पल, जंग में हैं। इसलिए इस डॉक्टर कॉमरेड से पूरे जी जान से सीख लो...प्रशिक्षण लो। अगर तुम लोगों ने जानकारी हासिल नहीं की, कुछ नहीं सीखा, तो लड़ाई में ज़ख़्मी कॉमरेड लोगों को बचाया नहीं जा सकेगा। युद्ध अब धानखेतों से लेकर गाँव-गाँव में घुस आया है। इस वक्त पूरी जिम्मेदारी से काम करना होगा—

बस! लगभग अचानक, तड़ित ने अपना भाषण बीच में ही रोक दिया।

उसने श्रोताओं को हिदायत दी, 'जाओ, अब चले जाओ।'

उसने मुझसे मुखातिब होकर कहा, 'चलो, अब 'शेल्टर' में चलें।'

शेल्टर में बैठे-बैठे ही, उस रात मैंने तड़ित की जुबानी सुन्दरवन-कथा सुनी। हर कथा मेरे मन में गुंथ गयी। शोषक लोग और उनके बहुतेरे प्रत्यक्ष-अप्रत्यक्ष

एजेंट—उन लोगों के चेहरों का बयान किया था उसने। वह अक्तूबर या नवम्बर का महीना था। हवा में ठंडक! चारों तरफ कुहासा!

तड़ित ने बताया, 'कुहासा फटते ही, जमकर सर्दी पड़ेगी।'

वैसी रात, मेरे जीवन में दुबारा कभी नहीं आयी।

सन् 68-69 से जीवन जैसे अर्थमय हो उठा, जब मुझे अपने विचारों को राजनीतिक राह का पता मिला। वह सब भी ढेर-ढेर दिनों, ढेर-ढेर रातों की कहानी है। लेकिन पहली बार समुद्र-दर्शन के टकराव से, मेरे सीने पर जो धक्का लगा था, वैसा दुबारा कभी नहीं लगा।

उन दिनों मेरी उम्र छब्बीस वर्ष रही होगी। कलकत्ता में महाभुखमरी से जुड़े कामकाज करते हुए, क्या किसी दिन मन में यह सवाल उठा कि मैं सही राह पर चल रहा हूँ? किसी दिन क्या शहर में इस ढंग से रहा हूँ, जहाँ खुद लालटेन जलाकर पड़े रहना पड़ा हो? चटाई बिछाकर सोना पड़ा हो? जो लोग इस ढंग से जीवन गुज़ारते हैं, उन लोगों के साथ अपना जीवन नहीं जोड़ा। मैं तो हाथ में कलम लेकर सिर्फ वैचारिक-तत्वों में ही उलझा रहा हूँ।

वहाँ से उखड़कर अब मैं भयंकर वास्तविकता के आमने-सामने खड़ा था। नाज़ी फ़ौज के खिलाफ सोवियेत के महान प्रतिरोध युद्ध की जानकारी मिली। मैं हिरोशिमा-नागासाकी को धिक्कार देता रहा और ऐसा करके मैंने ठीक ही किया था।

लेकिन, मुझे सुन्दरवन की जानकारी नहीं थी।

तड़ित धीमी आवाज़ में, निर्मम लहजे में कहता गया—काकद्वीप और सुन्दरवन घना जंगल है! लोग मछली, मधु, गोलपत्ता, ईंधन की लकड़ी बटोरकर, बेचते थे! पानी के तीखे-दंतवाले मगरमच्छों के हमलों में इन्सान, साँप, बाघ वगैरह मरते रहते थे—अंग्रेजों का कहना था, ख़ज़ाना नहीं चाहिये, जंगल काटकर आबाद ज़मीनें हासिल करे—किसान की भूख, ज़मीन की भूख होती है, कॉमरेड। येदिनीपुर से हज़ारों-हज़ार लोग आ पहुंचे। उन दिनों भी किसान अपने-अपने खलिहानों में धान इकट्ठा करते थे। लेकिन कलकत्ते में अमीर-दौलतमंद लोगों ने ख़जाने के तौर पर सरकार को मोटी रकम चुकाकर, थोक-थोक ज़मीनों का इजारा ले लिया। अब, किसान उनकी प्रजा हो गये। ज़मीनों पर उनलोगों का मालिकाना नहीं रहा।

तड़ित कहता रहा—'उन दिनों, पिछली कई-कई पीढ़ियों से उन लोगों के मन में जो आक्रोश जमा था, वही काकद्वीप-तेभागा में फट पड़ा।'

आज समझ में आता है, सिर्फ अत्याचार सहते-सहते ही इन्सान विद्रोही नहीं हो उठता। गरीबों पर अत्याचार तो महाभारत से भी ज्यादा पुराना है। सटीक राजनीतिक नेतृत्व और संगठन ज़रूरी है।

वैसे उस ज़माने में भी क्या समझ में नहीं आता था? सटीक राजनीतिक नेतृत्व तो मौजूद ही था। किसान ही नेता बन गये थे। इसलिए काकद्वीप-तेभागा

सफल क्यों नहीं होता? आखिर क्यों?

तड़ित कहता रहा।

—शोषण के कितने ही नाम होते हैं—आमि-सूनि-कयाली! विवाह करना हो, तो कचहरी का हुक्म चाहिए। पहली रात को दुल्हन, कचहरी के नायब को भोग चढ़ायी जाती थी।'

काकद्वीप पहुँचकर, मैंने मानो किसी अनजाने देश में क़दम रखा था। जो कुछ जाना था, सब अनजाना लगा। लेकिन तड़ित के एक जुमले ने मुझे चाबुक मारकर, एकदम से खड़ा कर दिया।

उसने बताया, 'तेभागा आन्दोलन आजकल यहाँ इतना ज़ोरदार हो उठा है कि पार्टी के किसान नेता, पार्टी नेताओं की बात भी मानने को तैयार नहीं हैं। नेताओं के विरोध कि बावजूद अब यह अर्थनैतिक आन्दोलन नहीं रहा अपना मालिकाना दुबारा दखल करने का आन्दोलन चल रहा है। लयलाहाट में कॉमरेड भगीरथ, मतलब ब्रजेन माली के नेतृत्व में, नायब समेत कचहरी में आग लगा दी गयी। लयलाहाट अब लालहाट बन गया है! लालहाट अब, लाल ही रहेगा।'

'नेताओं का विरोध'—यह शब्द मेरे कानों में बज उठा।

—नेता लोग इसके विरोधी हैं?

तड़ित ने कहा, 'चलो, सोने जाओ, कॉमरेड! ज़रा सो लिया जाये। हाँ, दो बातें याद रखो। अंधेरे में नज़रें घुमाकर देखना सीख लो। यह एक तरह का अभ्यास है। देखोगे, धीरे-धीरे अच्छा-ख़ासा देखने लगे हो। तारों में भी तो रोशनी होती है। क्यों होती है या नहीं?'

—तारों में भी रोशनी तो होती है।

तड़ित ने गहरे आन्तरिक लहजे में कहा, 'जहाँ, जो जुटे, पेट भरकर खा लेना। उसके बाद, दो दिन नहीं भी खाओगे, तो चल जायेगा। समझे?'

—समझ गया।

तड़ित उठ खड़ा हुआ।

उसने गहरे सन्तोष के लहजे में कहा, 'इस कुहासे की वजह से, सर्दी जमकर नहीं पड़ी। जमकर पड़ती, तो मुसीबत होती। ऐसे में, आग भी नहीं जलायी जा सकती थी, सर्दी में तकलीफ झेलनी पड़ती।'

जो कुछ देखा, तस्वीर की तरह मन के पट पर उभर रहा है...!

हौज, पोखरों में बेशुमार मछलियाँ!

'मछली तवे पर सेंक लेते हैं या ढेर सारा खट्टा डालकर पका लेते हैं। तेल का पैसा किसके पास होता है? हम लोग क्या लाटदार हैं?'

सेंकी हुई मछली, भात और भुनी हुई मिर्च!

'चलो, शुक्र है, आज तो खाना जुट गया।'

अगले दिन, अन्य गाँव! हमेशा 'शेल्टर' बदल! हाँ, शेल्टर हर दिन बदल जाता था। चावल कहाँ से मिलता है?

आश्रयदाता ने जवाब दिया, 'इस बार धान अपने खलिहान में भरा गया है है कि नहीं? खूब भात खा रहा हूँ! खू–ब!'

–खिला भी तो रहे हैं।

–लो, देखो! तुम तो गोरा डॉक्टर हो, जी! कॉमरेड हो! यह 'आप', जी-जी क्यों?

–जी, भूल हो गयी।

उसकी बीवी का उम्र बाइस या चौबीस होगी। कानों में मुलम्मे के फूल। बाल गर्दन से खींचकर, ऊपर की तरफ जुड़्डी की शक्ल में बँधे हुए! शुरू-शुरू में यह लगा कि उसकी आँखों में काजल भी लगा हुआ है। बाद में समझ में आया कि वह काजल नहीं है। उसकी आँखें ही काली थीं, पलकें घनी! अचानक उसका चेहरा याद आ रहा है।

उस शेल्टर में हम एक रात रहे थे। शाम को ही खबर आयी कि सोनाखाली हाथ से निकल गया। लोग डोंगी लेकर हाज़िर थे। उनकी बातें बेहद सूखी-सूखी, मगर बिल्कुल शफ्फाक्!

–सोनाखाली में गोलियाँ चली हैं! घायल होकर, तीन कॉमरेडों ने दम तोड़ दिया। ग्यारह लोग गम्भीर रूप से ज़ख़्मी हैं! गोरा डॉक्टर को इसी वक्त चलना होगा।

बाज़ार की थैली समेत, मैं रवाना हो गया। न्ना! वजन के साथ ख़ासा चल सकता था। पहले-पहले दिन काफी भारी-भारी लगा था। खेतों के किनारे-किनारे दौड़ लगा रहा था। शायद परिस्थिति ही इन्सान को तैयार कर देती है।

आधी रात को हम सोनाखाली पहुँचे। वहाँ जो देखा, तो सन्न रह गया।

मेरे अवचेतन में अगर कहीं एकाध बूँद भी शिक्षा का घमंड रहा हो, तो वह उसी पल लुप्त हो गया। इन्सान को जैसे पहली बार पहचाना मैंने और घोर ताज्जुब में पड़ गया।

उन लोगों को मैंने कुल चार दिन ट्रेनिंग दी थी। उतने-से में ही, उन लोगों ने मानो जादू कर दिखाया। उन लोगों ने ज़ाहिर कर दिया कि तेभागा की पूरी-पूरी जिम्मेदारी उन्हीं लोगों की है, यह बात वे लोग बखूबी समझ गये हैं।

तीन लोग मृत थे–उपनाम नीलकंठ, सुधीर और सुरेन! बाकी ग्यारह ज़ख़्मी लोगों को लोग वहाँ से हटा ले गये थे। ज़ख़्मों पर पट्टी बाँधकर रक्तस्राव कम कर दिया था। मेरी ही दी हुई एस्पिरीन खिलाकर, उन घायलों का दर्द कम कर दिया था।

जनार्दन ने कहा, 'चीर-फाड़ करनी होगी, कॉमरेड!'

लगभग अँधेरा कमरा! वह अस्पताल नहीं था कि कमरा रोशनी-धुला, जगमगा रहा हो। वह अस्पताल नहीं था कि नर्स ने आगे बढ़कर सर्जिकल ट्रे थाम रखा हो।

वहाँ दो लोग सहनशील आँखें खोले, लेटे हुए थे। एक व्यक्ति की कोख और रीढ़ के पास छर्रे घुसे हुए! 303 बुलेट की मार से, दूसरे व्यक्ति के घुटने का माँस उड़ा हुआ!

लोकल या जेनरल एनीस्थीशिया का सवाल ही नहीं उठता था। दर्द के मारे, उनकी जुबान से आह-कराह की आवाजें निकालने पर भी पाबन्दी! पुलिस वहाँ बार-बार गश्त लगा रही थी। पुलिस कैम्प भी गाँव में ही मौजूद था।

एक व्यक्ति ने कांख से ज़ख़्मी शख़्स का हाथ उठाकर, कमरे की दीवार से कसकर पकड़े रखा। दूसरे व्यक्ति ने लालटेन जलाकर थामे रखा। मैंने दूसरी बार एनेस्थीशिया दी। मैं क्रान्तिकारियों के किस्से सुनाता गया, साथ-साथ छुरी भी चलाता गया। ज़ख़्मी आदमी सब जानता रहा, सब कुछ देखता रहा। लेकिन उसके मुँह से एक बार भी उफ् की आवाज नहीं निकली। मुझे उसके बदन में धँसे छर्रे का पता चल गया। बस, निकालने ही जा रहा था कि पहरे पर तैनात कॉमरेड दौड़ते हुए आ पहुँचा।

'पुलिस आ रही है। बत्ती बुझा दें।'

निष्प्रदीप! सभी चुप! कोठरी में खून की गंध ने और सन्नाटे ने हवा को और घना बना दिया।

पुलिस पार्टी के जाने के बाद, मैंने छर्रा निकाला। गज-रुई भरकर ही बैंडेज करनी पड़ी। उसके बाद, मैंने पीठ का छर्रा निकाला। ऑपरेशन ख़त्म होते भोर हो आयी। दूसरे ज़ख़्मी को लेकर, हम नाव में सवार हो गये। किसी दूसरे गाँव में जाकर, उसके ज़ख़्म देखूँगा।

बिलकुल छोटा-सा ऑपरेशन था। इसके बावजूद, मेरे डॉक्टरी जीवन में यह सबसे अधिक गरिमामय तजुर्बा था।

तड़ित ने ठीक ही कहा था, 'ये लोग सब कुछ कर गुज़रेंगे, सिर्फ लौ भर उकसा दो।'

शेल्टर में पहुँचकर, मैंने देखा, सब कुछ स्वाभाविक हो आया था।

'तड़ित कहाँ है?'

'पैदल-पैदल ही सोनाखाली चला गया।'

'वहाँ तो पुलिस है।'

'हाँ, कॉमरेड!'

'उसे गिरफ़्तार करने के लिए जाने कितने हज़ार का लो...'

'हाँ, उसका सिर काफी क़ीमती है, वाकई...'

'तुम लोगों ने उसे जाने दिया?'

'उसे कौन जाने देता, कौन रोकता! यहाँ कॉमरेड लोग एक-एक करके मरते जा रहे हैं, वह बैठा रहता?'

'हैरत है!'

‘आखिर वह तड़ित जो ठहरा!’

‘औरतों ने कहा, ‘ए-जी, ऐसा तो कितनी ही बार भया है! हाट में ढेरों पुलिस उसे खोजत रही और वह दुकानदार बना, चीजें बेचता रहा उसे कौन पकड़ेगा भला? तड़ित, तड़ित ही है, वर्ना लोग उसे अपनी जान का जोखिम उठाकर उसे बचाते?’

भविष्य के कवियों ने लिखा—

काकद्वीप और सूखी-बुझी भेड़ी में,
बूढ़े किसानों की आँखी जले
किस्से-कथा के बहाने, पोती-पोतों से,
तड़ित की ही चर्चा चले।

उस बार मैं काकद्वीप में कुल दो ही महीने रहा। मैंने देखा, लालहाट, उस दिन के सम्मान में भी, जिसका नाम, किसी ने, ‘लाल हाट’ नहीं रखा। सब ‘लायलहाट’ नाम पर ही लौट आये। क्यों? क्यों? हम क्यों नहीं उस दिन के शहीद के नाम को जगाये रखते?

बूधाखाली में ट्रेनिंग देने में, मैं सफल रहा लेकिन, उसके बाद, कहीं क्लास नहीं ली जा सकी। बुधाखाली में हैज़े की महामारी फैल गयी। उस वक्त मेरे पास दवाइयाँ भी नहीं थीं। निरुपाय होकर, अन्त में पानी खोलाकर ही मैं सेलाइन के इंजेक्शन देता रहा।

निर्देश आया, दवाइयाँ लाने मैं कलकत्ता जाऊँ!

उसके बाद?

सन् 1949 में सर्वभारतीय रेल हड़ताल!

उसके बाद डॉक्टरी प्रशिक्षण के लिए अन्डूल!

उसके बाद, चौबीस परगना की झुग्गी-पट्टी में, जहाँ मंड़ी-दखल को लेकर जंग छिड़ी थी।

संदेशखाली में हम लोगों ने अनाज के गोले पर कब्ज़ा किया और सर्वहारा किसानों में बाँट दिया।

ज़रा-सी चाय की वजह से मैं पकड़ा गया। काँग्रेसी जमींदार का गोला लूटकर, हम सब नहर-नाला-ख़ाना-ख़न्दक पार करके अपने शेल्टर में लौटे थे। आश्रयदाता गरीब किसान था, जिसने ज़िन्दगी में कभी चाय नहीं पी थी। उसके मन में आया कि हम लोगों के लिए थोड़ी-सी चाय उबाल दे।

इसलिए वह दुकान में चाय ख़रीदने गया।

हमारे दुश्मन, उस दुकान को घेरे हुए थे। चाय ख़रीदने की बात सुनकर, अपने दल-बल समेत उन लोगों ने उसे घेर लिया। उन लोगों ने पुलिस को भी ख़बर कर दी।

मैं गिरफ़्तार हो गया।

जेल में रहते-रहते ही मुझे ख़बर मिती कि काकद्वीप-तेभागा धीमा पड़ते-पड़ते, एकदम बुझ ही गया।

इसके लिए अकेले तड़ित को ही जिम्मेदार ठहराया गया था।

उपेक्षित, अपमानित, बीमार तड़ित जाने कहाँ चला गया। उसने आत्मसमर्थन में कुछ भी नहीं कहा।

उस दिन, इससे ज़्यादा मुझे और कोई जानकारी नहीं मिली। ज़दुपति दादा अंडरग्राउंड हो गये थे! तड़ित लापता था।

मैं भी जेल से निकलकर, कुछेक सालों बाद, मध्य प्रदेश के विलासपुर में चला आया। वहाँ डॉक्टरी प्रैक्टिस करने लगा...राजनीति के नाम पर वोट के नतीजे सुनता रहता था। सुदीर्घ चंद सालों तक सी पी आई जीतती रही, मैं खुश! सन् 1964 के बाद से सी पी एम जीतने लगी, मैं खुश! भले 'आइ' हो 'एम' हो। उसके बाद से खड़े होनेवाले एम एल ए के समर्थन में चला आया! ऐसे ही चल रहा था, चलता रहा सन् 1968-69 से दुबारा धीरे-धीरे मैंने अपने को अविष्कार किया।

उसके बाद?

परी कथा! बिलकुल परी कथा!

चिरिखेरा के देवल राइ का नाम, मैं काफी दिनों से सुन रहा था। तब तक राजनीति में, कम से कम वोट-निर्भर राजनीति में, मेरी कोई आस्था नहीं बची थी। हालाँकि उस वक्त तक अन्य किसी राजनीति में मेरा विश्वास नहीं टिका था। अन्य किसी राजनीति की राह का पता मुझे नहीं मिला था यानी मेरे जीवन में तब तक सन् 68-69 नहीं आया था।

मैं डॉक्टरी करता रहा! अर्से पहले शादी भी कर ली। बाल-बच्चे भी हो चुके थे। डॉक्टरी के बाद, शहर के साहित्य-प्रेमी, तरुण लड़कों के साथ अड्डा जमाने लगा।

मैं देवल राइ और उनकी पत्नी, मालती राइ का नाम सुन चुका था। वे दोनों चिरिखेरा में धीरे-धीरे कम्युनिस्ट पार्टी गढ़ रहे थे। आजकल ख़ासे बड़े नेता बन चुके थे। यह भी सुना कि वे एक बार एम एल ए भी बने थे। इसके अलावा यह भी सुना कि वे कम्युनिस्ट पार्टी की केन्द्रीय कमिटी के सदस्य भी थे। शायद मॉस्को भी घूम आये हैं।

काफी नाम-डाक था। लेकिन यह ख्याल कभी नहीं आया कि वे बंगाली हो सकते हैं।

वैसे उनके बारे में विरुद्ध-आलोचना भी सुनी थी। वे अक्खड़ हैं; गंवार हैं! आसानी से समझौता नहीं करते हैं।

मैंने कोई दिलचस्पी नहीं महसूस की। मन ही मन सोचता रहा कि जिस कम्युनिस्ट पार्टी ने मुझ जैसे नौजवानों को आग्रही और उद्दीप्त किया था, वह कम्युनिस्ट पार्टी अब कहाँ है? अभी, यह जो विलासपुर में बैठा हूँ, छत्तीसगढ़ भी आता-जाता हूँ, मुझे पार्टी क्यों नहीं नज़र आती?

मैं ही बदल गया हूँ, यह समझकर भी नहीं समझता।

आज लगता है, मेरा मन इतना निस्पृह-निष्क्रिय क्यों हो गया था?

मेरे मन में कहीं आत्मग्लानि भी जागती है।

पत्नी ने पूछा, 'रात को लेटे-लेटे तुम क्या सोचते रहते हो?'

—सोचता हूँ, मैंने अपनी ज़िन्दगी के साथ क्या किया। सिर्फ पैसे कमा रहा हूँ और क्या करता हूँ?

पत्नी काफी सीधी-सरल समझ की इन्सान थी। सहज बातें वह सहज भाव से ही कहती थी।

उसने कहा, 'शाम ढलने के बाद तुम कहानी-कविताओं की मजलिस तो जमाते ही हो। हफ़्ते में दो-एक दिन रोगी देख लिया करो। तुम्हें अच्छा लगेगा।'

'और ज़्यादा रोगी देखूँ?'

'रोगी देखने को कह रही हूँ। मैं क्या पैसे कमाने को कहती हूँ? यह काम तुम तीन दिन भी तो कर सकते हो! मिल के औरत-मर्द दिन के वक्त तो आ नहीं पाते।'

मेरा मन एकदम से उमग आया।

मैंने कहा, 'तुम त ग्रे-ट हो! ऐसी सलाह दी है तुमने! वा-ह! चलो, चाय पिलाओ।'

'हुंहः दारू का नशा होता है, यह तो सुना है। चाय का भी ऐसा सर्वनाशी नशा होता है, यह तुमने ही दिखाया।'

इतना कहकर, वह चाय बनाने चली गयी।

उन्हीं दिनो, किसी वक्त सी पी आई का कोई कर्मी मेरे पास आया। काफी पहचाना हुआ लड़का था।

उसने खबर दी, 'कॉमरेड देवल राइ ने आपको एक बार मिल लेने को कहा है।'

खैर, उन्होंने बुलाया था, मैं चला गया।

वहाँ पहुँचकर, हम दोनों ही हतबुद्ध!

'अरे, गोरा डॉक्टर, तुम?' उन्होंने कहा।

'तड़ित, तुम?' मैंने भी अचकचाकर पूछा।

मानो पाँचबेंकी नदी में हहराकर ज्वार उमड़ पड़ा हो। उस वक्त बीच के इतने सारे साल मानो नदी की धार में बह गये।

उस दिन हम दोनों ने खूब-खूब बातें की! ढेर-ढेर बातें!

उसने कहा, 'बहुत बड़ा दुःख देकर चला आया था। काकद्वीप एक बार जाऊँगा ज़रूर!'

मुझे मन ही मन कहीं धक्का लगा।

'हाँ, कलकत्ता तो जाता रहता हूँ! अक्सर जाता हूँ! काकद्वीप की याद तो आती है, मगर वहाँ दुबारा कभी नहीं गया।' उसने कहा, 'वे लोग कैसे हैं, कौन-कौन रह गये, कौन-कौन नहीं रहा, यह पता करने भी नहीं गया।'

आज लिखते-लिखते, तड़ित याद आ रहा है।

उसके बाद भी उससे कई बार भेंट हुई।

मैं नक्सल हो गया हूँ, इमर्जेन्सी में जेल गया था—यह जानकर, तड़ित गुम हो रहा।

हाँ, मैंने सुना, साफ-साफ सुना कि उसका असली नाम, प्रकाश बोस है। लेकिन मेरे लिए वह तड़ित ही रहा।

मैं नहीं जानता था कि एक दिन उसे ही देखने के लिए चिरिखेरा दौड़ा जाऊँगा, क्योंकि तड़ित, देवल राइ बनने की साधना में ही जुटा हुआ था, यह देखकर मेरा मन कैसा तो निरुत्साहित हो आया था।

वहाँ जाकर मैंने तड़ित को ही देखा था और मैं समझ गया था, 'प्रकाश बोस' नाम भूलकर, उसका 'तड़ित' नाम में जन्मान्तर हुआ, फिर 'तड़ित' नाम भूलकर, 'देवल राइ' नाम में जन्मान्तर हुआ। यह जो बार-बार अतीत को मिटा देने के लिए विवश होना, हर बार नया परिचय रचना—यह कैसा भयंकर संग्राम है। इसके लिए कितने दुर्जेय मनोबल की ज़रूरत होती है।

अच्छा, मैं क्या उन लोगों जैसा हो गया था, जिन लोगों की मैं समालोचना किया करता था? मैं क्या गहराई में उतरे बिना ही राय दे बैठता था?

लेकिन मैं तो उन लोगों जैसा नहीं हूँ। मैंने भी जीवन से जीवन को जोड़ा था। लेकिन, हाँ, कम्युनिस्ट पार्टी के झंडे तले नहीं।

मेडिकल स्क्वैड के गठन के संकल्प लिये, सन् सत्तर के दशक में मैं घर-द्वार त्यागकर चला आया था।

'सोनाखाली' का असमाप्त काम, और कहीं, किसी अन्य माटी पर समाप्त करूँगी। प्रकाश बोस क्यों 'तड़ित' हो गया, 'स्मरण' न पढ़ता, तो मुझे पता नहीं चलता। वह पुस्तिका पढ़कर ही जाना, उसका जीवन, सिर्फ बार-बार पीछे छोड़ आने का जीवन रहा है, प्रकाश बोस के बारे में ही भला क्या जानता था!

3

1.9.83

पूर्व चिरिखेरा

बहोत दिनों तक मैं उस किताब को हाथ लगाने की हिम्मत नहीं बटोर पाया। 'स्मरण' की एक निजी प्रति मैं अपने तकिये के गिलाफ में सहेजे रहता हूँ। कमली जब यह समझती है कि बप्पा सो गये, उस वक्त मैं गिलाफ के अन्दर हाथ डालकर, उस किताब को हल्के-से थामे रहता हूँ। मैं मालती के बदन पर हाथ रखकर सोता हूँ।

अब, कभी-कभी अपना आपा किस क़दर असहाय लगता है।

प्रबाल तो शैशव से सिर्फ यही सुनता रहा है—बप्पा पार्टी के काम से गये हैं; बप्पा दिल्ली गये हैं; बप्पा मीटिंग में गये हैं। वह अपने बप्पा को जानता ही नहीं।

वह अपनी माँ को जानता है। लेकिन माँ तो अब रही नहीं।

प्रबाल, तेरे लिए ही तो यह सब कुछ लिख रहा हूँ। कमली या तू कभी बंगला तो पढ़ते नहीं। मैं भी हिन्दी बोलते-बोलते, बंगला लगभग भूल ही चुका हूँ।

बंगला तो मैं तेरी माँ से बोलता था।

चल, बंगला में नहीं पढ़ता, तो हिन्दी में ही पढ़ लेना। तुझे पता चलेगा कि ज़िन्दगी तेरे बप्पा से किस क़दर खेलती रही है। जब तेरी सन्तान होगी, तो उसे भी बताना। उसे भी जानकारी मिलेगी।

सब कुछ बताने को बेहद-बे-हद मन करता है, प्रबाल! अपनी ज़िन्दगी की मैंने बेहद निर्ममता से बार-बार जाँच-परख की है। आज मुझे इस बारे में कोई शक़ नहीं है कि काकद्वीप-तेभागा का समय ही, मेरे जीवन का श्रेष्ठ समय था। राजनीति से कोसों दूर रहकर ही मेरे बच्चे बड़े हुए, इस पीढ़ी के लिए सच ही मुझे अफसोस होता है।

अकारथ! बिल्कुल अकारथ है यह समय! बाँझ समय!

मेरे बच्चों को स्वस्थ, मानवमुखी राजनीतिक आन्दोलनों का, इन्हें कोई तजुर्बा नहीं हुआ। बिना कुछ जाने, इन्सान और समाज के बारे में बिना कुछ सोच-विचार किये, बिना कोई काम किये, कई-कई पीढ़ियाँ पैदा हुईं और बड़ी भी हो गयीं।

नतीज़ा? समाज के रन्ध्र-रन्ध्र में भोगवादी मूल्यबोध, महामारी की तरह समा गया है!

'स्मरण' पुस्तिका किसी दिन तू उलट-पलटकर ज़रूर देख लेना! मैं तो जानता हूँ, मेरे बाद, मेरे कागज-पत्र, जो भी माँगेगा, तू उसे दे देगा, या फिर कोई इसे फेंक-फाँक देगा।

वैसे मैंने अपनी सारी बातें लिखी भी नहीं।

प्रकाश रंजन बसु उर्फ प्रकाश बोस! पता नहीं क्यों तो वह मुझे अर्से पहले का जाना-पहचाना शख़्स लगता है। सोचने बैठो, तो एक ही तस्वीर नज़र आती है। हाँ, मुझे यादें घेरे रहती हैं, प्रबाल! अब तो दिमाग़ पर कोई दबाव नहीं है, इसलिए यादें घेरे रहती हैं। जुबान से कहने से परेशानी होती है। पिछला स्ट्रोक, जुबान में कुछ जड़ता छोड़ गया है।

ख़ैर, यह सब, मेरे पिछले जन्म की बातें हैं। उन दिनों मैं 'प्रकाश बोस' था। मेरा तीन बार जन्म हुआ है, प्रबाल!

माँ की मुझे याद नहीं है।

सच्ची, वे बिल्कुल याद नहीं है। वैसे माँ को याद रखने की बात भी नहीं है। जब माँ का निधन हुआ, मैं रत्ती भर का था।

दादी-माँ ने गोद के मोटे-मुटल्ले बच्चे को उठाकर अपने सीने से चिपका लिया था।

बड़े-बड़े खम्भों पर टिकी एक विशाल कोठी!

कचहरी-घर के अलावा, उससे सटा हुआ अन्दरमहल, उसके बाद रसोई, भंडार-घर, लोगों के रहने-सहने के कमरे। उनके बिलकुल पिछवाड़े गौशाला! उसमें गायें भी थीं।

खूब बड़े न सही, मंझोले स्तर के जमींदार जो थे। प्रकाश के पिता की, खुलना में ज़मीन-जमा थी और इधर भी सम्पत्ति मौजूद थी।

आज वह जगह कलकत्ते के करीब ही थी। लेकिन, उन दिनों कोई कलकत्ता नहीं जाता था।

मेरे बप्पा ने दूसरी शादी कर ली, उस समय प्रकाश ज़रा ही बड़ा था। वह अपनी दादी को ही 'माँ' कहता था, उन्हीं के पास रहता था।

अन्दरमहल और कचहरी-घर के बीचोंबीच, दादी-माँ का कमरा था और करीब ही ठाकुर-घर! दादी के मामा, काफ़ी नामी-गिरामी व्यक्ति थे। बड़े मामा एक बार अपनी भ्रांजी से मिलने आये थे। उन दिनों वे सन्यासी थे।

दादी ने कई बार बेलुड़मठ को रुपये भी भेजे थे।

दादी किताबें और अखबार भी पढ़ती थीं। कभी-कभार बप्पा को भी तलब करती थीं।

उन्होंने कहा, 'यह साल भुखमरी में गुज़रा है, ख़ज़ाना-वसूली नहीं करनी चाहिए।'

'वसूली', 'अदायगी', 'हवालात'—ये सारे शब्द प्रकाश बचपन से ही सुनता आया था।

वह अक्सर अपनी दादी से उनके बड़े मामा के बारे में पूछताछ किया करता था।

'वे क्या काम करते थे, दादी?'

'वे बहादुर मर्द थे। सिंह के मुँह में हाथ घुसा देते थे।'

यह बात सुनकर प्रकाश ने फैसला किया था कि बड़ा होकर, वह भी सिंह के मुँह में हाथ घुसेड़ेगा। लेकिन जब सिंह की तस्वीर देखी तो कहा—'इसके तो बड़े-बड़े दाँत हैं, जी! तुम्हारे मामा को डर नहीं लगता था?'

'नहीं, रे, 'डर' शब्द तो वे जानते ही नहीं थे।'

दादी-माँ के कमरे का दक्खिनी दरवाज़ा खोलते ही, छोटी-सी बगिया। हाँ, दादी के पास फूलों की बगिया थी। कम ऊँचाईवाली चहारदीवारी! चहारदीवारी में ही एक फाटक! उसी फाटक पर चिलचिलाती-तपती दोपहरी में हरिदासी आती थी। 'हरिदासी' नाम लेते ही, सीढ़ियों पर पड़ी बेंत की एक टोकरी याद आती है।

दादी-माँ आवाज़ देती थीं, 'ओ, परकास, टोकरी में रखे चावल उसे दे दे।'

चावल-दाल और एक अठन्नी!

'तुम यह सब क्यों देती हो, माँ'?

'हाय मइयो, वह खायेगी क्या?' थोड़ा रुककर, वे फिर कहती थीं, 'उसका क़ोई नहीं है! जिसका कोई नहीं होता, उसे देना चाहिए।'

उन्होंने दुबारा कहा, 'जिसका कोई नहीं होता, उसे देना चाहिए। जो देता है, उसे कभी, कोई अभाव नहीं होता—'

दादी-माँ यही सब कहा करती थीं।

प्रकाश के पिता ने दूसरी शादी कर ली थी।

वे दादी-माँ से कहा करते थे, 'विषय-सम्पत्ति उलटते-पलटते-टटोलते रहना चाहिए, माँ! पोते को जो, अपनी तरह महादानी कर्ण बना रही हैं, वह ज़मीन-जायदाद की रक्षा कैसे करेगा?'

दादी-माँ मृदुभाषिणी थीं! बहुत कम बोलती थीं, मगर मिठबोल्ली थीं।

उन्होंने जवाब दिया, 'तुम्हारे बाप ने मुझे कभी मना नहीं किया, यतीश! तुमने भी तो मुझे देते हुए ही देखा है, तुम क्या ज़मीन-जायदाद की रक्षा नहीं कर रहे हो? उसकी बारी आयेगी, तो वह भी करेगा! फ़िक्र क्यों करते हो?'

प्रकाश की सौतेली माँ को सौत के बेटे की 'माँ' नहीं बनना पड़ा! उसके लिए दादी ही 'माँ' थीं और सौतेली माँ, 'छोटी माँ'!

आज देवल राइ को लगता है, उनके बप्पा को प्रकाश का ही आसरा-भरोसा था! उसी से काफी उम्मीद थी। गाँव के क़रीब उन्हीं लोगों द्वारा स्थापित स्कूल में उसकी पढ़ाई-लिखाई ख़त्म होनेवाली थी। लेकिन बेटे का दिमाग़ काफी तेज़ था। उसे अगर कलकत्ता में पढ़ाया जाये, तो हर जगह से बेहतर होगा, इसी उम्मीद में उन्होंने कलकत्ता में घर किराये पर लिया, रसोइया-नौकर नियुक्त कर दिया,

सुबह-शाम मास्टर भी ठीक कर दिया और उसे 'न्यू इंडिया हाईस्कूल' में दाखिला भी दिला दिया। हर हफ़्ते उसे देखने भी आते थे। चूँकि कलकत्ता में अपना घर था, इसलिए दादी-माँ भी आकर रह जाती थीं।

लेकिन प्रकाश का कलकत्ता आना, आखिर में, पोखर की मछली नदी में आ पड़ने जैसा साबित हुआ! उसकी बिलकुल ऐसी हालत हुई।

प्रकाश ने अपनी दादी-माँ से पूछा, 'खुदीराम को जब फाँसी लगी थी, उसकी उम्र कितनी थी, जानती हो?'

'किताब में पढ़ा था, अठारह वर्ष का रहा होगा।'

'अठारह! जब मैं अठारह का होऊँगा...'

'तब तुम भी बड़े हो जाओगे...देश का काम कर सकोगे। देखो न, कितने ही लड़के, कितने ही काम कर रहे हैं। हम अपने छोटे मामा को तो देख नहीं पाये। उसने तो देश की सेवा करने के लिए, अपना घर छोड़ दिया था।'

स्कूल में पढ़ाई के दौरान ही, दसवीं क्लास के अमिय चाकी ने प्रकाश को पढ़ने के लिए एक किताब दी थी—'मैक्सिम ग्रोर्की की माँ'। अमिय ने कहा था, "पढ़ना चाहते हो, तो मेरे घर आ जाया करो। तुम देखना, मेरे कितनी-कितनी किताबें हैं।"

बस, वहीं से शुरुआत हुई!

अमिय के घर ही, हितनाथ सान्याल अक्सर ही आया करते थे। छरहरा बदन! मैला रंग! आँखों पर मोटे काँच का चश्मा!

उन्होंने कहा, 'तुम तो बहुत अच्छे बच्चे हो! इम्तहान दिया है?'

'अगले साल दूँगा।'

'परीक्षा देने के बाद आना। किताबें पढ़ने के लिए, काफी समय मिलेगा। नाम क्या है तुम्हारा? परिचय क्या है?'

पूरी बात सुनकर, वे गम्भीर हो गये।

उन्होंने कहा, 'दादी के छोटे मामा को देखा है?'

'नहीं! उन्हें तो नहीं देखा।'

'हो सकता है, कभी उनके दर्शन हो जायें!' ख़ैर! आजकल क्या पढ़ रहे हो?'

'नील विद्रोह—किसका लिखा हुआ है, पता नहीं! इसकी ज़िल्द उड़ी हुई है: फटी हुई—जर्जर किताब है।'

'पढ़ो! पढ़ो! अभी तो बहोत पढ़ना होगा, बहोत जानना होगा।'

अमिय ने भी कहा, 'अच्छा लड़का है... गणित में बहुत तेज़ है।'

'ख़ैर, तेज़ तो बहुतेरे बच्चे होते हैं। लेकिन, अच्छा काम करे, तभी तो अच्छा बच्चा कहलायेगा।'

अच्छा बच्चा, प्रकाश बोस! सन् 1937 में जब अन्डमान में अनशनरत

राजबंदी की नाक में जबर्दस्ती ट्यूब घुसेड़कर खिलाने की कोशिश की गयी और जब उन्होंने दम तोड़ दिया, तो उसके विरोध में, अमिय चाकी ने 'अन्डमान दिवस' पालन नहीं किया था।

उस दिन प्रकाश को यह अन्दाज़ा भी नहीं था कि कुल एक दशक में वह जाने कहाँ तो चला जायेगा! किसानों के घर में!

उसे तो यह भी नहीं पता था कि उस दिनों कम्युनिस्ट पार्टी या सोशलिस्ट पार्टी के सदस्य, काँग्रेस के भी सदस्य थे। ठीक एक वर्ष पहले ही 'मेरठ सर्वभारतीय कृषक संगठन' का गठन हुआ था और सन् 1937 में ही नेत्रकोना में प्रादेशिक किसान सभा का पहला अधिवेशन हुआ था।

सन् 1938 में गणित में डिस्टिंक्शन के साथ मैं मैट्रिक की परीक्षा में पास हो गया। उसके बाद कॉलेज! सन् 1940 से ही कम्युनिस्ट पार्टी से सम्पर्क हुआ। पार्टी की स्टडी सर्कल में, प्रकाश एक आमंत्रित शिक्षार्थी था। श्रोता लोगों ने बीच-बीच में प्रश्न भी पूछा।

जमींदारी प्रथा अगर निर्मूल न की गयी, तो किसान वर्ग, सांझा खेतिहर, जमींदारों के किराये का मजूर, प्रजा, खेत-मजूर बनकर ही रह जाएँगे। रैय्यत के शोषण में कमी नहीं आएगी।

नेताओं में कोई-कोई जमींदार घराने के थे।

—उन लोगों ने क्या जमींदारी लुटा दी?

—अभी तक तो वह स्थिति आयी नहीं, प्रकाश! पहले यह ज़रूरी है कि किसानों में जमींदारी प्रथा के विरोध में आन्दोलन शुरू करना।

—मैं भी शामिल हो जाऊँ?

—भई, उत्साह ही क्या सब कुछ होता है? जाओगे कहाँ?

—बप्पा की जमींदारी में! वह जगह मेरी जानी-पहचानी है। मुझे तो सुविधा ही होगी। वह कोई नयी जगह नहीं है। मुझे आजादी रहेगी। अगर किसी ने पूछा, तो मैं जवाब दे सकूँगा कि भविष्य में तो यही सब कामकाज करके ही खाना है। अभी अपने सरज़मीन से परिचित होने आया हूँ।

—पुलिस भी तो है।

—पुलिस को हमारी कचहरी से गुड़, मछली, साग-सब्ज़ी वगैरह-वगैरह इतना-इतना मिलता है कि वे लोग मेरे दोस्त बन गये हैं।'

मैंने दादी-माँ से कहा, 'देश के काम से जा रहा हूँ, माँ! तुम मुझे आशीर्वाद दोगी न?'

'सौ बार! तू कोई अन्याय कर ही नहीं सकता।'

दादी से रुपये लेकर, 'सहज होमियोपैथ चिकित्सा' और छोटी-सी बकसिया में कुछेक दवाएँ लेकर, प्रकाश अपने पिता की जमींदारी में चला गया।

कचहरी के नायब लोग उसके खाने, कामकाज करने के बारे में जानने को आकुल-व्याकुल हो उठे।

प्रकाश ने कहा, 'छात्रानम् अध्ययनम् तपः। इतना सब आयोजन न करें।'

उसने कुछेक किताबें पढ़ीं। उसके बाद, दवा की बकसिया लेकर निकल पड़े।

बस, यही शुरुआत थी! बाद में उसने देखा कि गंवई वैद्य, टोना-टोटका के जानकार बूढ़े-बूढ़ी, ओझा-सपेरे-गुनी लोग लगभग सभी जगह मौजूद थे। गवंई लोग कुसंस्कारों के डीपो थे, इसलिए इन्हीं लोगों को कसकर थामे हुए थे। सारा मामला इतने सहज समीकरण का नहीं था।

वे सभी लोग मौजूद थे, ग्रामवासियों के समाज में अड्डा गाड़कर बैठे हुए थे, इसीलिए वहाँ किसी वैज्ञानिक चिकित्सा की कोई विकल्प व्यवस्था नहीं थी।

कई लोग तो वनस्पति औषध के ऐसे विशेषज्ञ भी थे कि उसे लगा कि इन लोगों के जरिये, इलाज का काम काफी दूर तक आगे बढ़ाया जा सकता है।

ख़ैर, जमींदार का बेटा ठहरा!, 'वह मछलियाँ पकड़ेगा, सैर-तफरीह करता फिरेगा, बाप की तरह कभी-कभार पंछियों का शिकार करेगा। लेकिन, इसके बजाय वह आज यह कचहरी, कल वह कचहरी पहुँच जाएगा, यह पूछताछ करेगा कि उन लोगों को कितनी तन्ख्वाह मिलती है, कचहरी को क्या मिलता है—इन सबका हिसाब ले रहा है। ऐसा तो पहले कभी नहीं देखा। उस पर से ढेर-ढेर किताबें पढ़-पढ़कर, दवाएँ देता है।

किसी ने राय दी, 'देगा नहीं? उनकी दादी के मामा कौन थे, मालूम?'

प्रकाश को वहाँ बेहद भला लग रहा था। उसने हर कचहरी, हर गाँव जा-जाकर हिदायत दी, 'फल-तरकारी-मछली-नारियल, अब से कचहरी को मत देना। जमींदार को सिर्फ ख़ज़ाना वसूली का हक़ है। यह जब उसकी वसूली में नहीं आता। ये चीज़ें जब देना, क़ीमत ले लेना।' उसने कचहरी को भी क़ीमत चुकाने की हिदायत दी।

उसने गाँववालों से साफ़-साफ़ कहा, 'इन चीजों के दाम ज़रूर लेना।' उसने खुल्लमखुल्ला आश्वस्त किया, 'इतना डरने की क्या बात है? जमींदार और प्रजा, किसी दिन यह फर्क़ रहेगा ही नहीं'।'

प्रकाश के साथ रहने को जिस व्यक्ति को तैनात किया गया था, वही ईश्वर प्यार से मुस्कराते हुए कहता था, 'जमींदार और परजा? ये नहीं रहेंगे, जी? हमेशा-हमेशा रहेंगे।?

'बिल्कुल भी नहीं! हरगिज नहीं।'

'आप अभी बच्चे हैं, कहने भर से क्या हो जाता है? तुमको अभी जानकारी नहीं है। यह सब सतयुग का नियम था।'

'अच्छा, ईश्वर दादा, यह नाला क्या यहीं था?'

'तुम्हारे दादा ने कटवाया था–'

'यानी किसी समय, यह निरा मैदान था, फिर नाला बन गया। जो नहीं था, वही हो गया।'

ईश्वर सिर्फ सिर हिला देता था और मुस्कराता रहता था। सिर हिला-हिलाकर मंद-मंद मुस्कराता था।

थोड़ा ठहरकर उसने कहा, 'असल में तुमरे बप्पा यहाँ कम आते हैं, देखरेख कम करते हैं, इसीलिए यहाँ सब, बाबू लोगन एक-एक राजा बने, बैठे हैं। यह जो तुमने दुड़ुम-दड़ाम शुरू किया है, जाकर अच्छर-अच्छर तुमरे बप्पा को लगा देंगे।'

प्रकाश को मन ही मन ईश्वर पर प्यार आने लगा।

ईश्वर कलसार! जाति से नमः शूद्र! उम्र पचास या साठ, यह समझ में नहीं आता था। मंझोला गढ़न! हाँ, रंग ज़रूर काला था। सिर पर छोटे-छोटे घुँघराले बाल। कहीं-कहीं से सफेदी झलकती हुई! चेहरा बड़े जतन से तराशा हुआ! घनी-छोटी भौंहें! आँखों और होंठों पर हमेशा सब्र की मुस्कान खिंची हुई! मानो लोगों की वास्तवहीन, नासमझ बातें सुनने का वह अभ्यस्त हो।

प्रकाश को तो कलकत्ते में ही इसकी जानकारी मिल चुकी थी।

अब, चिरस्थायी बन्दोबस्त के दिन ख़त्म हुए बिना हरजाना दिये ही जमींदारी निर्मूल करना होगा। महाजनी कर्ज़ माफ करना होगा। ख़ज़ाना बिल्कुल आधा कर दिया जायेगा।

प्रकाश को ये जानकारियाँ मिलती रहीं और उसका ज़ोश बढ़ता गया।

उसने ईश्वर को समझाया, 'ईश्वर दादा, जमींदार न होते, तो तुम लोग ही ज़मीन के मालिक होते।'

–दादा, तुम क्या विष्टु भगवान के चेला बन गये हो?

–किसका चेला?

–डुमुरिया के विष्टू भगवान के? हमारा नव गया था वहाँ। सब सुनकर आया है। वे भी किसी जमींदार के ही बेटे हैं। वा-ह क्या खूब लड़ाई लड़ रहे हैं...

–तुम और क्या जानते हो?

–और क्या जानना है? नव अपने ममेरे ससुर के यहाँ गया था। वहीं उसने सुना कि विष्टू ठाकुर के डर से पुलिस और जमींदार, दोनों ही सिटपिटाये रहते हैं। वैसे पुलिस काफी धर-पकड़ कर रही है। इसीलिए नव भाग आया।

–तुम डुमुरिया गये हो?

–लो, देखो! सुरूज चढ़ा–हम काम में लग गये, सुरूज डूबा, हम सो गये। हम कतहूँ नहीं गये, दद्दा। मोरी बिटिया का विवाह भी यहीं भया। बेटों का बियाह भी यहीं भया! गिरस्ती में ही खूँटा गाड़कर बैठा हूँ।

–डुमुरिया में क्या हो रहा है?

—इस बारे में बात ना करो, दद्दा! तुम ठहरे राजा। सात खून करोगे, तो भी पार पा जाओगे। हमन अगर एक अच्छर भी कहें, तो बांधकर कचहरी ले जायेंगे। अब...वहाँ का नाम लेने की भी मनाही है।

—क्यों, क्यों?

—झोंपड़ी में आग लगती है, तो वह आग हवा में फैल जाती है। आजकल सब अपनी-अपनी झोंपड़ी सम्हालने में व्यस्त हैं। डुमुरिया ही नहीं, शभोना में भी! शभोना में भी वह आदमी, जमींदार को बेटा बना, लंकाकांड मचा सकता है, अगर. ..ईश्वर ने ज़ोर का ठहाका लगाया।

वह फिर शुरू हो गया—

—सब लोग कहते हैं, तब तो जमींदार के और-और बेटे भी विष्टू ठाकुर बन जाने को तैयार हो जायेंगे।

—अरे, तुम खड़े क्यों हो गये?

—अरे, तुम्हें क्या प्यास भी नहीं लगती?

—तुम्हारा घर कहाँ है? तुम्हारे पोते को देखना है न?

—तुम देखोगे?

—तुम्हीं ने तो कहा, उसे सर्दी-खाँसी...

—वैद्य जी ने दवाई तो दी है...जाने कैसी तो दवाई...

—चलो, तुम्हारे घर ही पानी पीऊँगा।

—इससे तो भला है कि हम्मे यहीं काटकर रख जाओ।

—क्यों, क्या हुआ?

—तुम नमोपाढ़ा में, मेरे घर पानी पीओगे? और वेणी बाबू हमका छोड़ देंगे?

—तुम्हें क्यों पकड़ेंगे?

—अरे, नमो का पानी का काएत (कायस्थ) पी सकते हैं? इसीलिए तो काएत जमींदार हैं। वेणी बाबू का कहेंगे कि वह लड़का पानी माँग सकता है, उसे कलकत्ता की हवा जो लगी है। तूने दिया कैसे, सूअर का बच्चा सूअर? नमो के लोगन को वे पीट-पीटकर धो देंगे।

प्रकाश भारतवर्ष, आविष्कार कर रहा था। उसके अपने गाँव में भी इस बात को लेकर कम झमेला नहीं हुआ।

दादी—माँ ने गोली दागी, 'तुमने चन्न लोगों के घर में पानी पीया, मुरमुरे खाये! वह तो मैं हूँ, इसलिए तेरे बाप ने उन लोगों को छोड़ दिया। ठीक है! ठीक है! तू जात-पात नहीं मानता! चत, मत मान! लेकिन तेरी वजह से दूसरे लोग मुसीबत में पड़ें, यह क्या ठीक है?'

प्रकाश ने ईश्वर से कहा, 'चलो, न हो, नारियल का पानी पिला देना।'

ईश्वर निश्चिन्त हो आया।

उसने कहा, 'हाँ, नारियल-पानी पिला दूँगा। नारियल मैं तोड़ दूँगा, तुम गुड़ डालकर खा लेना।'

—क्यों? इसमें दोष नहीं है?

—भगवान ने पेड़ दिया है, फल दिया है। इसमें भला कोई दोष होता है भला?

प्रकाश ने आगे कोई ज़बर्दस्ती नहीं की। ईश्वर के घर के बाहर, कटहल का एक पेड़ था। प्रकाश उस पेड़ के नीचे, बाँस की मचिया पर बैठ गया।

ईश्वर अपनी बहू और पोते को ले आया।

छः महीने का शिशु, ताबीजों के बोझ तले दबा हुआ।

प्रकाश ने मन ही मन सोचा कि उसकी किस्मत अच्छी थी, जो माँ के वैद्य जी ने उसे नाड़ी देखना सिखा दिया था।

—तुमने बच्चे को इस ढंग से कथरी में लपेट रखा है?

—इसे ठंड जो लगी है।

—बुखार भी है।

—खूब छींकें आ रही हैं! बार-बार प्यास लगती है, बार-बार पानी पीता है। देखो न, खुद ही अपनी नाक मसल रहा है।

प्रकाश ने कहा, 'सारे लक्षण, बिल्कुल आर्सेनिक के हैं। देखो, ये रही गोलियाँ, तीन-तीन गोलियाँ...अच्छी तरह पीसकर, मुँह में डाल देना। इसे बिल्कुल सूखे-सूखे में रखो! जितना चाहे, पानी पीये; जितना चाहे, माँ का दूध पीये। अब, घर के अन्दर ले जाओ इसे!'

सारा का सारा नमोपाढ़ा टूट पड़ा था। यह शख़्स क्या दया का अवतार, काले निभाई का अवतार है? जमींदार का बच्चा, नमोपाढ़ा लोगों के घर-घर जाकर दवाइयाँ देता फिर रहा है?

प्रकाश ने गर्व भरे लहजे में कहा, 'मेरी दादी भी लोगों को दवाएँ देती हैं।'

ईश्वर की एक काकी-माँ ने कहा, 'उन्हें हम एक बार देखी हूँ, जब हम दुलहिन बनकर आयी थी। इस बात को जमाना हो गया। उस समय नाव में चढ़कर, नहर से होकर आना-जाना पड़ता था। उस बखत काठ की पुलिया भी नहीं बनी थी।'

मिट्टी के नये सिकोरे में नारियल का पानी और गन्ने का गुड़ और नारियल की गिरी!

छोटे-छोटे बच्चे ज़रा दूर खड़े थे। कितनी ही औरतों की कमर में गमछा लिपटा हुआ, माँग में सिन्दूर! दोनों बाँहों में लाल धागा बँधा हुआ।

—ईश्वर दादा, इन सभी लड़कियों का ब्याह हो गया है?

ईश्वर ने गहरे सन्तोष की मुद्रा में जवाब दिया, 'स-ब-का बियाह हो गया है।'

—इसी उम्र में?

—पहिले इससे सयानी होने पर बियाह होता था। लेकिन कचहरी में इस बार क़ाली पूजा में, अपने रावण कोयाल की माँ पर देवी मइया सवार हुईं। देवी मइया ने आदेश दिया—गाँग पार वास, आँधी-पानी बारह मास! सब लोग शुद्ध हो। का उनो लड़की कुँवारी ना रहें और नमो में कोऊ पक्की ईंट का घर न बनावे।

—ईंट का घर?

—कुछ दिनों से गाँव में एक नाव ईंट पड़ा हुआ था। कचहरी में कहकर और तीन रुपैइय्ये जमा देकर, यज्ञेस्वर ने एक हौदा बनवाया था। वेणी बाबू जब तीरथ से लौटे, तो वह हौदा तोड़कर...यज्ञेस्वर को जूतों से पीट-पीटकर...

—उसके बाद?

—बहुत हंगामा मचा। वेणी बाबू ने बस्ती में आग लगा दिया। यज्ञेस्वर के बेटे बादा भाग गये। सुन्दरवन के अन्दर घुस गये! यज्ञेश्वर भी...! इस बात को लेकर, पूरे दो बरस तक भयंकर हड़कम्प मची रही...गाँव में पुलिस की दौड़ आ गयी...तुमरे बप्पा आये...

—कोई इन्तज़ाम नहीं किया?

—इन्तज़ाम...? भला कर सकते थे? वेणी बाबू न हों, तो हमरे बाबू मानो आँधर! लेकिन इतना जरूर हुआ कि लात-जूता कम हो गया। सुन्दरवन तक तो कोई पहुँच नहीं सकता था।

—क्यों, बाघ खा जाता है?

—अरे, बाघ कितने लोगन को खायेगा? अगाध-ससागरा ज़मीन है, कुछ संचय मिल जाता है। इधर-उधर का काम करके, किसी तरह पेट भरते हैं। मछली मारते हैं और बेच आते हैं। यहाँ वेणी माधव जैसे लोगों को सबक़ सिखाना ज़रूरी है। यही समय है उन्हें सबक सिखाने का यही समय है। विष्टू ठाकुर ने सबकी हड्डियाँ कंपकंपा दी हैं।

थोड़ा ठहरकर उसी ने एकदम से हड़बड़ी मचा दी, 'अब और नहीं, दादा! अब चलो! मातुली क्या यहाँ है?'

'सुनो, आज आज अगर न जायें, तो?'

'वे लोग बैठे होंगे।'

'बैठे रहने दो।'

'नहीं, दादा, बाद में हम लोगों को...'

ईश्वर की काकी पूछ बैठी, 'गठिया की कोई दवाई नहीं होती, दादा?' गोबर और छेद किये हुए आकन्द पत्ते से सेंकते-सेंकते...'

प्रकाश ने जवाब दिया, 'इतनी तो जानकारी नहीं है। मगर थोड़ी-बहुत डॉक्टरी कर सकता हूँ।'

'और ई मलेरिया?'

'मच्छरदानी नहीं लगायेंगी, तो...'

सभी लोग एकदम से हँस पड़े।

ईश्वर ने कहा, 'मच्छरदानी कहने से...धोना कहो, धोना, दादा।'

'अरे, एक ही बात है।'

'नहीं, नहीं, वह क्या हमारी किस्मत में जुटता है, दादा?'

'न...घोना टांगने से साँप के डंक का खतरा कम होता है।'

ईश्वर की काकी ने गहरे विश्वास से कहा, 'साँप का लिखा और बाघ के दर्शन! जब पाप बढ़ेगा, तो उस बरस मइया चंडी, अपना वाहन भेजकर, ज्यादा-ज्यादा लोगन के परान...इस बरस दंगा-फसाद, मार-धाड़, अनाचार जैसे पाप कम हुए, तो साँप के डंक से, कम लोग मरे।

प्रकाश का मन हुआ कि वह पूछे कि उन लोगों की नज़र में 'पाप-अनाचार' की संज्ञा क्या है।

संस्कारों से आबद्ध मन...कच्ची उम्र की लड़कियों की माँग में सिन्दूर...सबके सब अनपढ़...हर कोई अंगूठा-छाप। जब सबकुछ असहनीय हो उठता है, तो कोई-कोई बादा चला जाता है, दूसरे लोग अत्याचार सहते हुए यहीं पड़े रहते हैं...

लेकिन विष्टू ठाकुर! शभोना!

प्रकाश ने तय किया कि मातुली से ही वह शभोना चला जाएगा। किसी ने उसे यह क्यों नहीं बताया कि वहाँ क्या हो रहा है?

काफी अर्से बाद, बांग्लादेश मुक्ति संग्राम सहायक समिति—जैसोर—खुलना ने सन् 1971 में अमर कृषक नेता, विष्णु चट्टोपाध्याय ने एक पुस्तक प्रकाशित की।

उसके भी काफी दिनों बाद, वह किताब कलकत्ता में आयी।,

जदुपति दादा ने देवल राइ को एक किताब भेजी।

संलग्न पत्र में उन्होंने लिखा-मेरा ख़्याल है कि तुम उनके आस-पास के इलाकों में गये थे...

यह भी काफी अर्से बाद की बात है।

भूमि-व्यवस्था के बारे में बेहद मामूली-सी समझ प्राप्त करके, प्रकाश को कलकत्ता लौटना पड़ा।

बप्पा का तार मिला—ददूदू बीमार हैं, लौट आओ!

मैंने ईश्वर से कई-कई वादे किये थे, पूरा नहीं कर पाया।

प्रकाश, वेणी बाबू से सिर्फ इतना ही कह आया—'मैं फिर वापस आऊँगा। इतने दिनों जैसे चल रहा था, वैसे नहीं चल सकता। पूजा से पहले बेगार अदायगी नहीं चलेगी। मैं बप्पा से आपके बारे में बात करूँगा।'

लेकिन बातचीत का मौका नहीं आया।

कलकत्ता वाला घर बंद मिला। प्रकाश गाँव की तरफ भागा। बप्पा मुट्ठी कसे, चहलकदमी कर रहे थे। बड़े बेटे पर उन्होंने कभी भी डांट-डपट नहीं की। प्रकाश के बारे में उन्हें जितनी प्रत्याशा थी, उतनी ही आशाभंग की वेदना भी थी।

बप्पा को प्रणाम करके उसने माँ की खैरियत के बारे में जानना चाहा।

'माँ...?'

'उन्हें कुछ नहीं हुआ।'

'फिर तार...?'

'तुम कर क्या रहे थे, प्रकाश? जमींदारी में जाकर मीटिंग कर रहे हो...प्रजा को समझा-बुझा रहे हो...जमींदारी तो उठ जायेगी।'

'उठ तो जायेगी ही, बप्पा! इतिहास का यही नियम है।'

'मुमकिन है कि यह सच हो। मैं तो तुम्हारी तरह पढ़ा-लिखा, शिक्षित नहीं हूँ—' बप्पा ने दुःख और क्रोध के लहजे में कहाँ।

उनकी चहलकदमी जारी रही।

'मैं तुम्हारी तरह शिक्षित नहीं हूँ। कम उम्र में, मेरे बाप, मुझ पर जिम्मेदारियाँ सौंपकर चल बसे...हाँ, तुम कह सकते हो, बागडोर मैंने ही थामी, वर्ना तुम्हारी दादी इतना सब कुछ कैसे करतीं?'

'मैं ज़रा अन्दर हो आऊँ...'

'मुझे तो यही जानकारी थी कि तुम कॉलेज में पढ़ रहे हो। तुम वहाँ जाकर, नामपाड़ा में इलाज कर रहे हो, मीटिंगें कर रहे हो। तुम क्या वहाँ विष्टू ठाकुर का चेला बनने गये थे?'

प्रकाश अन्दर चला गया।

बप्पा ने चींखकर कहा, 'भाई सब अभी काफी छोटे हैं। मुझे तुम पर ही...'

प्रकाश, इससे आगे कुछ नहीं सुन सका। दादी के कमरे में जाकर, उसने दरवाज़ा अन्दर से बन्द कर लिया।

बप्पा ने कलकत्तावाला घर उठा दिया।

उन्होंने प्रकाश से कहा, 'अब नौकरी करो, शादी-ब्याह करो। अपने मामा लोगों की बात करो, तो उन लोगों ने घर-गृहस्थी, कभी ही त्याग दी।

'आपके छोटे मामा तो कितनी कम उम्र में देश के लिए जेल गये थे। उस वक्त मुहल्ले की बहू-बेटियों ने आपकी नानी को 'वीरों की जननी' कहकर, कितना मान-सम्मान किया था।

प्रकाश के बप्पा ने कहा, 'अंग्रेजों के खिलाफ लड़ते-लड़ते, अब वे...लेकिन, यह क्या बड़े मुँह कहने की बात है?'

'यह तो परम गौरव की बात है, बप्पा!'

—प्रकाश के बप्पा ने सिर हिलाया।

उन्होंने अपनी माँ से कहा, 'यह सब कुछ आपकी ही शिक्षा का नतीजा है, विष्टू ठाकुर गाँव के गाँव जलाता फिर रहा है। आपका प्रकाश भी वहाँ जाकर प्रजा को भड़का रहा है।'

प्रकाश ने तमककर कहा, 'मैं खुद कमाऊँगा, खाऊँगा! लेकिन आपका दिया आहार, हरगिज नहीं खाऊँगा। मैं चला जाऊँगा।'

बप्पा ने ज़रा धीमी आवाज़ में कहा, 'मैंने जमींदारी का खाना खाने को नहीं कहा नौकरी करो। पोस्ट ऑफिस में तो माँगने भर से काम मिल जाता है। खुद कमाओ। खुद खाओ।'

दादी ने फुसफुसाकर कहा, 'हाँ कर दे, प्रकाश! जब तुझे नौकरी मिल जायेगी, तो मैं भी तेरे पास चली आऊँगी।'

प्रकाश ने नौकरी ली तो सही, लेकिन दादी के साथ रहने का मौका नहीं आया। जीवन में जाने कितना कुछ हो गया। ईश्वर के नमोपाड़ा में वह फिर कभी नहीं गया। गाँव के लोग 'घोना' टांगकर सोये या नहीं, पता नहीं चला। बाल-विवाह, निरक्षरता—सारा कुछ महा अभिशाप है, यह समझने में काफी देर लग गयी। लोगों को समझाने जाने का मौका ही नहीं आया।

इसकी वजह थी, डाक और तार विभाग में नौकरी ज्वायन करते ही, उसने ट्रेड यूनियन करना शुरू कर दिया।

इस बारे में उसके दीक्षागुरु, उपीन घोष कहा करते थे, 'तुम्हारा राजनीतिक मतादर्श मैं नहीं मानता। लेकिन, तुममें संगठन-शक्ति है। तुम क्या कर्मचारियों को यूनियन-बद्ध होने की युक्ति समझा सकते हो।'

पार्टी-नेता भी तो यही चाहते थे कि प्रकाश ट्रेड-यूनियन ही करे। उस वक्त तो यही चाहा था।

पार्टी-नेताओं ने कहा, 'तुम जुझारू नेता बन सकते हो। श्रमिक और कृषक, दोनों को सम्वेत होना चाहिए, वर्ना क्रान्ति नहीं हो सकती।'

पार्टी का निर्देश ही प्रकाश के लिए अन्तिम निर्देश होता था।

कितने ही दृश्य-दृश्यान्तर!

'जमींदारी-प्रथा के उन्मूलन के पक्ष में प्रचार करने के लिए किसानों के पास जाओ—'! प्रकाश गया।

द्वितीय विश्वयुद्ध को कम्युनिस्ट पार्टी ने साम्राज्यवादी युद्ध कहा। इसलिए युद्ध-प्रचेष्टा में योगदान तो नहीं ही किया गया, बल्कि कृषक-श्रमिक फ्रंट में ब्रिटिश-साम्राज्यवाद-विरोधी आन्दोलन गढ़ने का यही सही समय था। प्रकाश एक मामूली पार्टी-कर्मी था। उसी की तरह अन्यान्य लोग भी निर्देशवाहक सेनानी थे।

प्रकाश, अब, डाक और तार विभाग में यूनियन कर रहा था।

सन् 1941 की 22 जून को हिटलर ने सोवियत रूस पर हमला बोल दिया। बस, युद्ध का मोड़ ही घूम गया। भारत के जनगण, यहाँ तक कि कम्युनिस्ट पार्टी, जिन लोगों से जुड़ी हुई थी, उन सभी संगठनों में ही हड़कम्प मच गयी। साम्राज्यवादी युद्ध को, यथार्थ अर्थों में फासी-विरोधी युद्ध ही कहा जा सकता है। वैसे भारत समेत अन्यान्य उपनिवेशों में इस फासी-विरोधी युद्ध का साम्राज्यवादी ब्रिटेन-स्वरूप बहाल रखा गया। जन-जागरण ने जैसे ही सर उठाया, दमन और पीड़न जारी रहे।

यह कहना ही पड़ेगा कि कम्युनिस्ट पार्टी के संगठनों में प्रादेशिक कृषक समिति ही सबसे बूढ़ी थी। इस समिति की तरफ से फासीविरोधी जंग में सोवियेत को समर्थन जताने के लिए, सन् 1941 में कलकत्ता के टॉउन-हॉल में एक जनसभा आयोजित की गयी।

सभापति थे कृषक सभा के विशिष्ट समर्थक और आनन्द बाज़ार पत्रिका के सम्पादक, सत्येन्द्रनाथ मजुमदार। इसी सभा में सोवियेत सुहृद समिति गठित हुई और इस मीटिंग के बाद, प्रकाश बोस जब आवेग में डूबे हुए थे, जब उन्हें स्ट्रेंड और डलहाउसी स्क्वायर ग़जब का खूबसूरत, किसी सपने जैसा लग रहा था, जब हर इन्सान रूपवान और रूपवती नज़र आ रहे थे, ऐसे समय में, कहीं से बेहद नीची, स्पष्ट और मीठी आवाज़ सुनायी दी—

'कॉमरेड! हम दोनों एक ही दिशा के मुसाफिर हैं—सेंट्रल कैलकटा! चलिए न, हम साथ-साथ चले।'

खूबसूरत, छोटी-नाटी, उजली-उजली आँखोंवाली एक अदद लड़की! बदन पर नीली किनारी वाली सफेद साड़ी और सफेद ब्लाउज! बालों को खींच-खींचकर चुटिया बनायी हुई! उसकी युगल आँखें ग़ज़ब की उजली-धुली और काली!

उस लड़की ने ईषत् हँसकर कहा, 'आप लोगों की मेस के करीब ही हमारा हॉस्टल है। मैं नर्सिंग की ट्रेनिंग ले रही हूँ। आप तो...'

'मैं हूँ, प्रकाश बोस!'

'मैं मालती कर हूँ। बरिशाल में घर है। मेरे बापी, अश्विनी कुमार दत्त के मित्र थे।'

'आप...?' आप नर्स हैं?'

'हूँ नहीं, बन जाऊँगी। वैसे आजकल नर्सों की माँग बढ़ती जा रही है। कोर्स अगर न भी पूरा हुआ, तो भी नौकरी तो मिल ही जायेगी।'

'लेकिन...नर्स!'

'अपने पैरों पर तो खड़ा होना होगा।'

'हिटलर के सोवियत आक्रमण का मतलब है, फासीवाद के पतन की शुरुआत...!'

'हाँ, लेकिन जंग तो चलेगी।'

'कितने वर्ष?'

'कौन जाने!'

इस पार्टी के लिए भी संधिक्षण ही था। जितने दिनों जंग चलती रही, यह साम्राज्यवादी जंग, उतने दिनों कृषक आन्दोलन से जुड़े, कम्युनिस्ट कर्मियों को जेल में ठूंसने का कार्यक्रम भी चलता रहा खुलेआम काम करना भी मुश्किल था।

लेकिन सोवियत, दुनिया का एकमात्र समाजतंत्रवादी देश आक्रान्त था। जो युद्ध फासीवाद के खिलाफ था, उन दिनों वह युद्ध, जनयुद्ध बन गया था। उन दिनों पार्टी की नज़र में युद्ध का चरित्र ही बदल गया था।

उन्हीं दिनों उपीन घोष ने कहा, 'अब तुम लोगों के साथ मेरा रहना नहीं हो सकेगा, प्रकाश!'

'क्यों, दादा? आपने ही हमें सिखाया था कि राजनीतिक मतादर्श भले कुछ भी हो, यूनियन-सम्बन्धी कामकाज, जब एक साथ, मिलकर किया जा सकेगा, करूँगा।'

'तुम लोगों के आदर्श की ही बात करूँ! अब यह युद्ध, 'जनयुद्ध' बन गया है, लेकिन अंग्रेजों की निगाह में भारत महज् उसका उपनिवेश भर है। डुमुरिया में विष्णु चाटुज्जे ने (प्रकाश ने पहली बार विष्टू ठाकुर का नाम जाना) नदी पर बाँध भी बना लिया, किसानों में ज़मीनें भी बाँट दी है। इधर जमींदार खबर दे देता है, पुलिस हाथ में बन्दूक लिये आ धमकती है। यानी युद्ध में मदद मैं ज़रूर लूँगा, दूसरी ओर, किसानों के हित के लिए लड़ते हुए, यह साठगांठ भी तोड़ने की कोशिश करूँगा।'

'आपको यह सब कैसे पता चला?'

'मेरा भांजा, किरीट, जो वहाँ पड़ा है। अपनी बहन का रोना-धोना, उसकी खोज-खबर, खैरियत लेनी ही पड़ती है।'

'मुझे इसकी जानकारी नहीं थी।'

'यह सब जानकारी क्यों लेने लगे? बिना कुछ जाने ही उछलने-कूदने लगते हो।'

लेकिन के पी आर गोपालन के नेतृत्व में मालाबार के कृषक आन्दोलन की जानकारी होने में देर...काफी देर हो गयी। इसकी जानकारी मिली, कयूर और कृषक संग्रामियों की फाँसी के बाद! इसकी जानकारी मिली, विनय राय के गीतों में—

लौटा दे! लौटा दे!
हमरे कयूर साथी को
मालाबार कृषक सन्तान
वे सब थे कृषकों के प्राण!

के पी आर गोपालन और अन्य चार नौजवान किसान। 'जनयुद्ध' के दौरान ही इन लोगों की फाँसी का हुक्म सुनाया गया। गाँधी जी और नेहरू ने इसके खिलाफ आवाज़ उठायी। मालाबार, मद्रास प्रेसीडेंसी के अन्तर्गत था। समस्त भारत

से प्रतिवाद गूंज उठा। बहरहाल, गोपालन की फाँसी का हुक्म रद्द हो गया। अन्य नौजवानों के प्रति दंडादेश क़ायम रहा। मद्रास हाइकोर्ट में भी आवेदन खारिज हो गया। कम्युनिस्ट पार्टी ने इंग्लैंड की प्रिवीकाउंसिल में अपील की। ख़ारिज! सन् 1943 में चार लोगों को फाँसो हो गयी। 'जनयुद्ध' जारी रहा। ब्रिटिश साम्राज्यवाद का शासक चेहरा, भारत में जाहिर हो गया।

क़यूर और बाकी शहीद, विनय राय के गीतों में अमर हो गये।

उसी 'जनयुद्ध के दौरान ही, कन्युनिस्ट लोगों पर से विधि निषेध उठ भी गया। कम्युनिस्ट आदर्शों से उद्दीप्त नौजवान, शहर छोड़कर गाँवों में कृषक संगठन गढ़ने चले गये। उन दिनों बंगीय प्रादेशिक कृषक सभा कम्युनिस्ट लोगों के हाथ में था। नहीं, सन् 1943 की भुखमरी में भी बुद्धिजीवी और शिक्षित कर्मियों ने किसानों का साथ नहीं छोड़ा।

लेकिन सन् 1942 के लगभग, युद्ध की कोशिशों में भारत सरकार के सहयोग की वजह से, काँग्रेस समेत अन्यान्य पार्टियों के कम्युनिस्ट-विरोधी मनोभाव एकदम से व्यापक हो उठे। प्रकाश जैसे लोगों को यह तक सुनना पड़ा कि वे लोग 'अंग्रेजों के दलाल' हैं।

कलकत्ता में जापानी बम गिरे।

नतीजा यह हुआ कि डाक और तार ऑफिस, बंगाल प्रेसिडेंसी के अन्यतम शहर पटना चला गया। उन दिनों पटना समेत समूचे बिहार में अगस्त आन्दोलन जोर-शोर से उत्ताल हो उठा था। बिहार की माटी पर ढेरों-ढेरों लोग शहीद हो गये। कई वर्षों बाद ही प्रकाश नौकरी से इस्तीफा देकर वापस लौट आया।

वापस लौटकर उसने मालती से पूछा, 'तुमने क्या कहा था?'

'शादी करोगे?'

'करूँगा!'

'पार्टी के काम के अलावा और कुछ...'

'भुखमरी के दिनों में तो पी आर सी का काम ही किया है, अभी भी कर रहा हूँ।'

उन दिनों विवाह करने पर, पार्टी को भी सूचित करना ज़रूरी था।

प्रकाश के बप्पा प्रकाश और मालती के विवाह से खुश हुए। यूनियन करे या चाहे जो करे, नौकरी तो कर रहा है और शादी भी कर ली है।

मालती ने ही धीमे और विनम्र लहजे में जानकारी दी, 'प्रकाश नौकरी छोड़ आया है।'

'सरकारी नौकरी थी, उसने छोड़ दी। तुमने उसे छोड़ने दिया?'

'मुझे नर्सिंग आती है। कुछ न कुछ कर लूँगी।'

प्रकाश के बप्पा ने कहा, 'और कुछ तो करते नहीं बना। ब्याह भी कर लिया। ऐसी कुलीन वंश की पढ़ी-लिखी लड़की मिल गयी। उसकी हालत भी तू बदहाल

कर देगा? उसे भी तू फूँक-ताप डालेगा?'

'आप समझते नहीं, बप्पा!'

'नहीं, मुझमें भला कहाँ समझ है? तेरी भाषा में, मैं तो...अत्याचारी जमींदार हूँ।'

प्रकाश खामोश रहा!

'ख़ैर, छोड़, ज़मीन-जमा की देखरेख करेगा?'

'कोशिश कर सकता हूँ।'

दादी ने कहा, 'रहने दो, बेटा, यह काम वह नहीं करेगा।'

'क्या करेगा वह, आप ही बता दें।'

'वे दोनों...देश के लिए काम करेंगे।'

'मैं शायद विदेश का काम करता हूँ!'

'अरे, कुछ दिन आज़ाद रहने दो। ज़रा खिला-पिलाकर आदर-जतन से रखूँ। किसी दिन पोत-बहू का साज-शृंगार करूँ! सब लोग आकर मुँहदिखाई करें।'

'प्रकाश क्या यह करने देगा?'

'देगा—'

'बड़े बेटे का ब्याह...कितने धूमधाम से करूँगा...'

'अभी-अभी आंधी-तूफान गुज़रा है...महामारी हुई...देश की ऐसी हालत है... ऐसे में धूमधाम शोभा नहीं देगा। रात के समय तो बत्ती जलाकर, रोशनाई भी नहीं कर सकते! जो भी करना है, दिन के समय ही...'

दादी ने प्रकाश को भी ताकीद की, 'देखो, हर बात में बाप का प्रतिवाद मत करो! इतना-सा उसे करने दो। तुम दोनों तो चले ही जाओगे। यहाँ रहने तो आये नहीं हो तुम लोग।'

'हम...यहीं रहेंगे।'

मालती ने भी अकेले में प्रकाश से कहा, 'ये लोग जो कहें, उनकी बात मान लेना।'

'यह सब मुझे पसन्द नहीं है।'

'एह ही दिन का तो मामला है।'

मालती नयी चटाई पर बैठी। सन्दूक खोलकर, उसे प्रकाश की माँ के गहनों से सजाया गया! उसकी सौतेली माँ ने ही सजा दिया! ढेर-ढेर गहने थे।'

नियमानुसार खाना-पीना भी हुआ।

बाद में दादी ने पूछा, 'गहने क्या ले जायेगा?'

'गहने लेकर कहाँ-कहाँ घूमूँगा? तुम ही रखो, माँ!'

'ज़ब ज़रूरत पड़े, ले जाना।'

प्रकाश और मालती खामोश!

'मुँहदिखाई में मिले हुए रुपये लेते जाना।'

प्रकाश ने अपने बप्पा से कहा, 'ज़मीन-जमा की देखरेख करने जा तो रहा हूँ,

अगर अच्छा न लगा, तो छोड़ दूँगा।'

'ठीक है! जिन्दगी में कम से कम एक बार तुमने मेरी बात सुनी, यही काफी है। विषय-सम्पत्ति विष होता है। मगर फिर भी इसकी हिफ़ाज़त करनी ही पड़ती है।'

'विषय, विष होता है, बप्पा?'

'कहते तो यही हैं–'

दोनों कलकत्ता लौट आये।

मालती महिला आत्मरक्षा समिति में शामिल हो गयी। पार्क सर्कस में स्थित सेवा-केन्द्र में काम करने लगी।

प्रकाश, खुलना में विष्णु चाटुज्जे क्या कर रहे हैं, इसकी जानकारी लेने के लिए उपीन घोष के पास गये।

'उसने क्या नहीं किया, यह पूछो।'

'आपको सारी जानकारी है।'

'यह रही पुस्तिका, देख लो ना!'

पुस्तिका में सबकुछ दर्ज़ नहीं था। इसके बावजूद, मामला समझ में आ गया!

थाना डुमुरिया! शोभना अंचल की तेज-धार नदी की बाढ़ में, ढेरों बीघा ज़मीन, पानी के बहाव में पतित हो चुकी थी।

कृषक समिति के हज़ार के लगभग किसानों ने हाथ में लाल झंडा उठाये, वहाँ ऊँचा बाँध बनाया और ज़मीनें हासिल कर लीं। उन ज़मीनों पर धान की खेती की और फसल अपने घर ले गये।

उसके बाद, नौ-बांक यानी नौ-बांक लेनेवाली नदी की छाती पर बहुत बड़ा बाँध बनाने का काम चल रहा है। इस बार सोलह हज़ार बीघा ज़मीन खेती-योग्य बनाया जायेगा।

धान किसानों के घर ही जायेंगे। इस बार जमींदार को भी ज़मीन देनी होगी, क्योंकि हल-बैल जिसका, ज़मीन उसकी।

'हल-बैल जिसका, ज़मीन उसकी?'– प्रकाश के कानों में यह नारा बज उठा। जो लोग सांझा खेती करते हैं, जो भूमिहीन किसान, दूसरों की खेतों में मेहनत-मशक्कत करते हैं, उन लोगों के पास हल-बैल-बीज-धान नहीं होता। वह तो सम्पन्न लोगों के घरों में आश्रित होते हैं।

मुमकिन है, डुमुरिया में कुछ और हो रहा है।

इसके बाद ही प्रकाश खुलना चला गया, अपने बप्पा की कचहरी में!

विष्णु चट्टोपाध्याय की जीवनी किसी-न-किसी समय में लिखी गयी होगी, इसलिए कि वे अन्त तक खुलना में ही रहे, कम्युनिस्ट पार्टी में ही बने रहे, कृषक संगठन तैयार करने के बारे में भी सोचते रहे और पाकिस्तान सरकार के ज़माने में भी बार-बार अंडरग्राउंड होने को लाचार होते रहे। मुस्लिम लीग के 'समाजद्रोही'

गुंडों के छुरे से क़त्ल कर दिये गये थे।

प्रकाश बोस की जीवनी किसी ने भी नहीं लिखी। इसलिए अपने बप्पा की जमींदारी में पहुँचकर उसने क्या-क्या किया, इसकी विशद् जानकारी किसी को भी नहीं है। ईश्वर जैसे लोगों को लिखना नहीं आता था। ईश्वर जैसे लोगों को ही सबसे पहले लिखना चाहिए था, यह अहसास वहाँ किसी में भी नहीं था।

लेकिन प्रकाश कोई ज़बर्दस्त संकल्प के साथ वज्रवाही मेघ की तरह पहुँचा था।

वह कचहरी-कचहरी दौड़ता रहा कचहरी में संरक्षित कागजात को जलाकर, जिन लोगों के पास ज़मीन नहीं थी, उन लोगों को मालिक बना आया, थाने का दारोगा क्या करता? डुमुरिया की हवा क्या यहाँ भी लग गयी थी?

नहीं, माटी पर या किसी के हाथ में लाल झंडा नहीं था।

जिसकी जमींदारी थी। अगर उसी का बेटा सबकुछ बाँट दे, वह क्या कर सकता था?

मन ही मन 'गुरु! गुरु!' मनाता हुआ, प्रकाश को उसने नाव-घाट तक पहुँचा दिया।

प्रकाश के बप्पा ने कहा, 'इसके बजाय, वह मेरा ही क़त्ल क्यों नहीं कर गया?'

प्रकाश घर नहीं लौटे। बाप से उनका कभी आमना-सामना नहीं हुआ।

मालती ने कहा, 'सम्पत्ति तो तुम्हारे सौतेले भाइयों की भी थी।'

'वे लोग भूखों नहीं मरेंगे।'

'तुम सब दे आये?'

'हाँ, दे आया। मेरे पास और होता, तो मैं और देता। शोभना या नौ-बांकी जैसा काम नहीं किया। मैंने औरों की ज़मीनें नहीं बाँटी। हर साल बप्पा को कुछेक हज़ार रुपये मिलते थे, अब नहीं मिलेंगे। अब, इस बारे में एक भी शब्द मत कहना—'

'ठीक है, नहीं कहूँगी।'

'माँ तो खुश ही होगी। तुम ही बताओ, किसी कम्युनिस्ट को व्यक्तिगत सम्पत्ति रखने का कोई अधिकार है? बप्पा हमेशा से ही यही कहते रहे कि दइखाली और चूड़ोमानिकपुर प्रकाश का है, सो मैं दे आया। अब, वेणी बाबू समझें।'

'वे लोग...ज़मीन को पकड़े रख सकेंगे?'

'रखना तो चाहिए! मैंने बप्पा को भी लिख भेजा है कि आप वहाँ कुछ कहने मत जाइएगा। वे लोग नहीं करेंगे।'

नहीं, प्रकाश के बप्पा ने कुछ नहीं किया। लेकिन इस घटना ने उन्हें कई-कई तरह से तोड़ दिया। उनकी मनोबल टूट गया; आर्थिक नुकसान हुआ, बेटे के आचरण से उन्हें तकलीफ हुई—यही जब उन्हें अधिक बेधता रहा।

बहुत बाद में, बहोत-बहोत दिनों बाद, जब मालती अपने ससुर के पास दौड़ी हुई आयी, तब उसे पता चला कि उन्होंने पकवान खाना छोड़ दिया है, कीमती

ज़र्दा, जो वे बड़े शौक से खाते थे, अब त्याग दिया है। वे हमेशा कहते थे–'वे दोनों कहाँ हैं, क्या खाते-पीते हैं, कैसे बिस्तर पर सोते हैं, यह सब ख़्याल आता है, तो...'

युद्ध में भारत सरकार के समर्थन के फलस्वरूप सन् 1942 से कम्युनिस्ट-विरोध दूर-दूर तक फैल गया। साथ ही ग्रामांचलों में कृषक-सभा ने भी अपने पंख पसार दिये–सब कुछ एक ही समय घटा। सन् 1945 के आखिर तक कम्युनिस्ट पार्टी काँग्रेस से अलग हो गयी।

प्रकाश के मन की आँखों ने यही सपना तो देखा था–किसानों के हाथों में ज़मीनें हैं; किसानों की मिल्कियत है।

मयमनसिंह का हाजंग आन्दोलन!

मणिपुर कृषक आन्दोलन!

प्रकाश को लगा, इन सबके साथ 'डुमुरिया भी जड़ा हुआ है और वह खुद भी, इसमें कहीं न कहीं मौजूद है।

हैरतंगेज़ समानुपात की तरह, प्रकाश उन दिनों हरिनघाटा थाना में, किसानों की कुटीर में था।

बंगाल के गवर्नर, सर जॉन के जी की मेहरबानी से हरिनघाटा में किसानों से, धान-पौधों से हरी-भरी छः हज़ार एकड़ ज़मीन छीन ली गयी।

हेमन्त बस, आने ही वाला था। धान-कटाई का वक्त आ पहुँचा। अब नवान्न मनाया जाएगा। धान की बालियों की वेणी गूंथकर, धान के 'नउटा' बाँधा जाएगा। फुस की नयी रस्सी से खलिहान बाँधा जाएगा।

लेकिन ज़मीन तो सरकार ने हथिया ली।

नहीं, कोई विकल्प ज़मीन नहीं थी।

ना, कहीं कोई मुआवजा नहीं।

प्रकाश कलकत्ता चले आये। उच्चतम नेताओं से बातचीत करके, उनका निर्देश लेकर, वे अपने क्षेत्र में लौट आये।

बार-बार यही होता रहा है! वे जब, जहाँ होते थे, वह उनकी रणभूमि बन जाती थी। उनका अपना क्षेत्र! वैसे हर बार यही होता रहा है...बार-बार! लेकिन एक लैंडस्केप, किन्हीं दिनों के लोगों को फेडआउट नहीं करता। सब पृष्ठभूमि में चले जाते हैं और इन्तज़ार करते हैं। वे लोग भी पृष्ठभूमि में चले जाते हैं और इन्तज़ार करते हैं। कोई गुम नहीं होता, कहीं गुम नहीं होता। मानो आज तक जो इन्सान थे, वे तस्वीर बन गये। लेकिन वह तस्वीर भी तो इन्सानों की ही होती है। क्या एक ही पीढ़ी में एकदम से भुलाया जा सकता है? हाँ, अगली पीढ़ी के लिए ये लोग सिर्फ तस्वीर बनकर रह जाते हैं।

पार्टी का निर्देश था।

अगहन की सर्द हवा थी।

हाथ में सात दिनों का समय था।

किसानों ने कहा, 'सारा धान क्या गौरयिन ले जावेगी?'

'सारे धान हम लोग लेंगे।'

एक सप्ताह के अन्दर हज़ारों-हज़ार किसान, दो हज़ार दंडधारी स्वेच्छासेवक संघबद्ध हो गये।

आकाश में चाँद चमक रहा था। धान के समन्दर में पाल उड़ रहे थे! लाल-लाल झंडे। लगभग ख़ामोशी से धान-कटाई, झड़ाई और बँटाई का काम पूरा कर लिया गया।

स्वेच्छासेवकों ने सारी रात पुलिस को घेरे रखा।

अगले दिन पुलिस के जत्थे और जिला-मजिस्ट्रेट ने आमडांगा और हरिनघाटा थाना अंचल का चप्पा-चप्पा छान डाला, लेकिन नेताओं का कहीं, कोई अता-पता नहीं मिला।

कलकत्ते में बैठे नेतागण ने नज़र प्रकाश पर गड़ाये रखा। वे लोग प्रकाश को परख रहे थे—उसमें लगातार कष्टसाध्य आन्दोलन गढ़ने की क्षमता किस हद तक है, यह सोच-विचार करने का समय फिलहाल नहीं था।

अवनी सेन ने कहा, 'वज्र-विद्युत समेत प्रलय! आंधी-तूफान! प्रशासन विद्युत-आहत है!

इसके बाद, स्वाधीनता।

समूचा देश आनन्द-उत्साह में उत्ताल हो उठा।

उस दिन पार्टी का नज़रिया था—'यह आज़ादी झूठी है! भूलो मत! भूलो मत!'

उन दिनों एक ही साथ, कई-कई बातें सच थीं!

सन् 1946-47 के तेभागा आन्दोलन ने अविभक्त बंगाल को उत्ताल बनाये रखा! उसके बाद, आयी आज़ादी!

सन् 1946 में कलकत्ता से जिस साम्प्रदायिक दंगे का सूत्रपात हुआ, वह लगातार जारी रहा।

तेभागा आन्दोलन कम्युनिस्ट पार्टी का था!

साम्प्रदायिक दंगे के समय प्रकाश और उनके साथी भी शांति-सम्प्रीति-रक्षा में जुटे रहे।

सन् 1947 के आरम्भ से ही 'तेभागा' दमन के लिए, कृषि-क्षेत्र में निर्मम अत्याचार उतर आया। फलस्वरूप आन्दोलन शिथिल हो आया।

उस आन्दोलन में किसानों का दावा था—दो हिस्सा वर्गादारों का, एक हिस्सा मालिक का! हल-बैल-बीज मालिक का।

लेकिन तब तक काकद्वीप में 'तेभागा' शब्द का मतलब बदल चुका था।

प्रकाश बोस का जीवन भी समाप्ति की ओर चल पड़ा है, यह बात प्रकाश नहीं जानता था।

28.2.48–7.3.48 : कलकत्त में पार्टी की द्वितीय काँग्रेस आयोजित हुई।

यह सब कुछ, बिना जाने ही, किसी अनजाने, अन्य ग्रह में स्थित काकद्वीप, उसका अनन्य आन्दोलन–पार्टी की 1948-50 की नीति, सिद्धान्त और निर्धारित कार्यक्रमों में गडमड होकर रह गया।

और लोगों के साथ प्रकाश भी गडमड हो गया।

इसके बाद ही सन् 1948 की मार्च से पार्टी निषिद्ध हो गयी। प्रकाश भी जेल गये।

आज़ादी के बाद, नेहरू और काँग्रेस में प्रगतिशील तबके से पार्टी ने सहयोग की राह छोड़ दी–राष्ट्रीय आन्दोलन का धारा से विलग हो जाने की आशंका थी। तेभागा-प्रत्याशी किसानों के बारे में कहीं दायित्व-बोध था।

उन दिनों कई तथ्य ग्रहण किये गये :

दुनिया भर के मेहनती लोग, पार्टी के नेतृत्व में, दुनिया में फैला साम्राज्यवाद ध्वंस करेंगे।,

किसी-किसी देश, मसलन् भारत में तेलंगाना में, काकद्वीप में, सशस्त्र संग्राम के जरिये राष्ट्र-क्षमता दखल करने के बारे में भी सोच-विचार करने लगे।

सन् 1948 में प्रकाश और उसके साथी जेल से रिहा हुए।

प्रकाश को जानकारी नहीं थी कि जहाँ-जहाँ कृषक संग्राम उन दिनों भी ज़ारी था, वहाँ-वहाँ आन्दोलन को सशस्त्र जंग में बदलने के लिए परीक्षण-क्षेत्र की तलाश की जा रही थी।

तेलंगाना में कृषक आन्दोलन जारी ज़रूर था, मगर पर्याप्त जंगी नहीं था। सन् 1948 से ही नयी लाइन कार्य करने की बात तय हुई। जिन लोगों ने आन्दोलन को जारी रखा था, उन लोगों को 'सुधारवादी' कहा गया। वैसे इस पर कई आक्षेप भी थे। यथा, तेलंगाना में कृषकों में श्रेणी-विभाजन नहीं किया गया। धनी कृषक भी श्रेणी-शत्रु थे, इसलिए उन लोगों को ख़त्म करना ज़रूरी था।

काकद्वीप एक अचीन्हा नाम था। जदुपति हालदार संभवतः नयी लाइन में काम नहीं कर पायेंगे।

आँधी-तूफान-बिजली समेत प्रचंड झांझावात् की ज़रूरत थी। राष्ट्र-व्यवस्था पर बिजली जैसा चाबुक ज़रूरी था। काकद्वीप परीक्षण-क्षेत्र था।

प्रकाश बोस पीछे चले गये, धुँधले पड़ गये। तड़ित ने जन्म लिया।

जदुपति हालदार सुधारवादी बन गये। इसलिए तड़ित, सशस्त्र संग्राम परीक्षागार में जा पहुँचा।

जाते समय तड़ित को यह बिलकुल ख़्याल नहीं आया कि अब वह प्रकाश के पास दुबारा लौट पायेगा या नहीं।

4

स्मरण : तड़ित (1948-50)

उम्र अट्‌ठाइस! पुकार का नाम, तड़ित! (ज़रूरत पड़ने पर कोई भी नाम ग्रहण किया जा सकता, मगर पार्टी को इसकी सूचना देनी होगी)। वही काकद्वीप संग्राम में नेतृत्व देगा।

अट्‌ठाइस वर्षीय जंगी नेता को, अड़तीस वर्षीय 'सुधारवादी' नेता को प्रणाम् करने या उन्हें 'दादा' कहने में कोई असुविधा नहीं हुई।

जदुपति दादा ने कहा, 'वैसे मैं कुंज भी हूँ; नारायण भी हूँ। तुम तड़ित ही रहो। लेकिन बलराम भी बने रहना। मैं तुम्हें बता दूँगा।'

थोड़ा ठहरकर उन्होंने फिर कहा, 'वैसे निधि नाम कब से रखना पड़ेगा?'

'दादा, आपने तो अपनी बातचीत का ढंग तक बदल डाला है।'

'ओ-हो, मैं भी तो देसवाली हो गया हूँ, जी! मेरी बातचीत में गाँव-देहात की बोलचाल का असर आ गया है। यहाँ न हो, वह असर ज़रा ज़्यादा है। ख़ैर, छोड़ो! ज़रा सर्दी पड़ने लगे, तो साँपों का डर कम हो जाएगा। और...हाँ। तुम तो सब जान-समझकर ही आये हो।'

'आप अधिक जानते हैं, दादा।'

'मैं तो...?'

'अपने साथ, मैं एक नक्शा भी ले आया हूँ...'

'सिर्फ नक्शा देखकर ही काम नहीं चलेगा, तड़ित! सन् 1947 में पार्टी ने सब जगह से तेभागा उठा लिया। काकद्वीप में ऐसा नहीं हुआ। उन दिनों किसान खुद ही निर्णय ले रहे थे। पार्टी के नेता लोगों ने आकर कहा कि फिलहाल पार्टी की नीति है, मालिक के खलिहान में धान जमा करो, वहीं हिस्सा-बाँट होगा। किसानों ने यह बात नहीं मानी। धान किसानों के ही खलिहान में आया।'

'यानी इन लोगों में लीडरशिप की क्षमता है?'

'देखो न, तेभागा का दावा कहीं सुनायी देता है? आजकल का नारा है—तीन में से दो हिस्सा नहीं, सारा का सारा किसानों का!'

'इतना कुछ तो किया...'

'जिन्हें करना है, वे लोग कर रहे हैं। मैं कौन हूँ? यहाँ की बागडोर सम्हालो तुम, खुद ही देख लेना। काकद्वीप में अर्से से शैतानों का राज चल रहा है। सैकड़ों तरह की आलतू-फालतू वसूली, औरतों पर ज़ोर-जुल्म करते थे, कुत्सित-कुत्सिक रोग, उनके सिर मढ़ देते थे। ये लोग समझते थे, यही उन लोगों का जीवन है।'

'आप लोग जागरुकता ले आये?'

'तुम्हारी और मेरी उम्र में कुल दस वर्ष का अन्तर है, लेकिन समझ में काफी गड़बड़ है। खैर, आज, रात भर का समय है ना! वैसे जागरुकता लानेवाले हम लोग कौन हैं? सतीन माइती के बारे में सुने बिना, तुम इसकी जड़ तक नहीं पहुँच पाओगे। कलकत्ता से हम तीन नेता आये थे—मैं, वसन्त घोषाल और रसराज घोष! जाने किस ज़माने में हम तीनों यहाँ आये। हम तीनों ने इस सतीन से काफी कुछ सीखा।'

ख़जाना बकाया था, सो सतीन माइती की तेरह एकड़ ज़मीन चली गयी। विचारा सर्वहारा हो गया। जमींदार और उसके गुलामों से बदला लेना ही होगा। अब, जब उस अकेले के मन में इतना गुस्सा जमा था, तो कितनी जगह, कितने लोगों के मन में क्रोध जमा था, यह जानना ज़रूरी था न? हमारा सतीन जैसा-तैसा शख़्स नहीं है। मेदिनीपुर में अनुशीलन समिति करता था। उसके बाद, उसे समझ में आ गया कि आखिर कम्युनिस्ट पार्टी के पास जाना ही होगा।

सन् बयालिस का आँधी-तूफान, सन् तैंतालीस का अकाल! सतीन राहत कार्यों में लीडर बन गया। पार्टी और किसान सभा! कलकत्ता में किसी संगठन की एक अंग्रेज महिला ने उसे ही लीडर बना दिया।

सतीन पर लोगों की गहरी आस्था थी। वह दूर दुर्गमों तक रिलीफ पहुँचाता था; मजिस्ट्रेट के पास भी दौड़-धूप करता था।

ज़मींदारों ने अकाल के दिनों में एक मन धान दिया था। उन लोगों ने बदले में तीन मन धान माँगा।

जवाब में सतीन ने कहा, 'नहीं दूँगा। सोनाखाली दुर्गम जगह है। लॉन्च, नाव, डोंगी के बिना, वहाँ कदम भी नहीं रख सकते।'

सतीन साहब, हाकिम, एस पी—सभी लोगों को वहीं खींच लाया।

जमींदार भाग खड़ा हुआ। किसान औरत—मर्दों ने सतीन को धन्य-धन्य कहा। इस बार सतीन भड़क गया था और उसने जगह-जगह कृषक समिति गढ़ना शुरू कर दिया।

उसने कहा, 'दादा, गुस्सा अभी ताज़ा-ताज़ा है, इस काम में लगायें।'

लोगों ने अपनी आँखों से यह नज़ारा देखा कि खेतिहर-किसान लोग हाट-बाज़ारों में कह रहे हैं—'खूब तो सुनते हैं कि आफत-विपद के समय जमींदार ही माँ-बाप होता है। रसराज बाबू ने ठीक ही कहा, उन लोगों के पाँव, अब पत्थर के पाँव बन गये हैं। सबके सब मगरमच्छ के भाव दिखाने लगे हैं। ये लोग निगलना जानते हैं, उगलना नहीं। हाँ, सतीन माइती भरोसेदार राह दिखा रहा है। हम सब उसी की शरण में जाएँगे।'

सोनाखाली के करीब ही ब्रजेन माली का गाँव था। वह शख़्स सच्चा इन्सान

था। निवास कालीपुर! जमींदार के साथ ज़मीन का मुकदमा जारी था। अदालत जाने के समय, वह डेढ़ सौ बीघा ज़मीन का मालिक था।

शाम को सोनाखाली में सतीन से भेंट हो गयी।

उसने कहा, 'सगले लोगन जाको देखे थे, वह सम्पन्न किसान था। अब जाको देख रहे हो, वह नंगा-बुच्चा फकीर है, हम जइसे कम-जानकार की राय में, अइसा कभी नाहीं भया। तुम ही कोई रस्ता सोचो, सतीन, बिन-मारे अगर मर गये। तो सियार-कुक्कुर भी नहीं रोवेंगे।'

सभी लोग ऐसे नहीं थे कि पेट पर चोट पड़ते ही ऐसे हो गये। जैसे रसराज और वसन्ते थे, जलधर माइती और सुरथ माइती भी वैसे ही थे। शरीर को शरीर न मानकर, बस जी-तोड़ मेहनत करते रहे। लेकिन राहत-कार्य के लिए आकर, भला कोई कभी संगठन बना सकता है? जब माटी तैयार हो मगर उस पर हल न चला हो और तुम बीज छितरा दो, तो उस पर क्या फसल हो सकती है? नहीं होगी, हरगिज नहीं होगी।

माटी तो अपने-आप, मानो अपने अनजाने में ही तैयार हुई रहती है। लेकिन कैसे तैयार हुई? काकद्वीप में आये हो, जैसा काकद्वीप है, समूचा सुन्दरवन वैसा ही है। धन्य है साहबी बुद्धि! समूचे देश में चिरस्थायी बन्दोबस्त लागू किया गया। सुन्दरवन, सरकार का ख़ास इलाका बनकर रह गया।

उसके बाद, यहाँ की ज़मीन टुकड़ों-टुकड़ों में लाटदारों को दे दी गयी। जब उन लोगों के लिए कुछ नहीं हुआ, तो नया बन्दोबस्त किया गया, कुछ दिनों बाद, फिर नया बन्दोबस्त। सच्चा हिसाब दिखाया, तो पाँच-सात-दस हज़ार बीघे के लाटदार भी मिल जाएँगे। कलकत्ता में बैठे जितने सब जमींदार, बैरिस्टर, वकील, राजा-गजा लोग थे—अब, सबके सब कांग्रेस के खूंटा बन गये थे। सुन्दरवन की माटी से सोना लूट रहे थे, बल्कि यह कहा जाये तो झूठ नहीं होगा कि वे लोग इन्सानों का खून चूस रहे थे।

जंगल काटकर खेती योग्य कौन बनाता? लाटदार या चाकदार या और कोई? लाटदार ने चाकदारों को दिया। उन लोगों ने अपनी रैय्यत प्रजा में बाँट दिया। उन लोगों ने अपने अधीन प्रजा को सौंप दिया। बन्दोबस्त पर बन्दोबस्त, मानो बन्दोबस्त का चक्रव्यूह बन गया। वर्गादारों ने इतने सारे लोगों की ज़मीन, अपनी भागीदारी ज़मायी। खेत-मजूर भी आ पहुँचे।

जिन लोगों ने भागीदारी में ज़मीन ली, उन्हीं लोगों ने जल-जंगल भी हासिल की। मेदिनीपुर से कांथी, तमलुक, घाटाल, बिहार से मुंडा, ओरांव, संथाल, उड़ीसा के बालेश्वर से भी लोग आ पहुँचे। किस लोभ में? जंगल काटो, बाग मगरमच्छ और नमक के पानी लड़ो, ज़मीन की मिल्कियत मिल जाएगी।

'ज़मीन किसी को मिली?'

'ज़मीन किसी को मिलनी थी भला? यह तो किसी पागल का पारस-पत्थर ढूँढ़ने जैसा था। ज़मीन या वह पारस-पत्थर मिल जाता, तो वे लोग राजा हो जाते। वह तो मिला नहीं। जैसे ही ज़मीन मिलती, भागीदार-किसानों को उजाड़ने का क्रम शुरू हो जाता। अब, दुबारा किसी दूसरी कचहरी तक दौड़ो। उधर झुंड के झुंड भागीदार-किसानों के आने का तांता शुरू हो गया। ऐसी कोई कीर्ति नहीं थी, जो यहाँ नहीं हुई। रैय्यती मिल्कियत तो मौजूद थी, लेकिन ख़ज़ाना न दे पाने की वजह से, उन लोगों को भी उजाड़ दिया जाता था। भागीदारी में अपनी ज़मीन पर वे लोग खेती करते थे, और समृद्ध रैय्यत लोग जोतदार बन बैठे। सुन्दरवन की कथा! वहाँ की फुनगी-फुनगी घास, अगर कलम जाती, सातों समुन्दर अगर स्याही बन जाता, आकाश अगर कागज बन जाता और एक नहीं, दस-दस गणेश अगर लिखने बैठते, तो भी सुन्दरवन का महाभारत लिखकर, पूरा नहीं कर पाते।'

और अत्याचार? अत्याचार का महाभारत तो तुम उन्हीं लोगों से ही सुन लेना। अत्याचार सहते-सहते, अब उन लोगों ने यह सोचना शुरू कर दिया है कि हम ज़मीन से क्यों उजड़ें? और खेत-मजूर की हालत? आज जो रैय्यत है, कल वह भागीदार-किसान बन जाता है। वह खेत-मजूर नहीं रहता। अकाल के समय, विलासी कापिन ने मुझसे पूछा था—'इतना धान! इतना चावल! ईहाँ मौजूद है, कलकत्ता में कतहूँ नहीं है, फिर भी मोरे स्वामी-बेटा-बेटी, मुँह के बल काहे गिरे? काहे मर गये? यह कइसा इन्साफ़ है!' अब वह विलासी कहीं नज़र नहीं आती! हो सकता है, ब्रजेन जानता हो।

कृषक समिति आज भी नहीं थी। सन् '37-38 से ही कैनिंग, सन्देशखाली, हड़वा में ज़मीन से उजाड़े गये किसान, ज़ोर-ज़बर्दस्ती खेती करके, फसल अपने नाम करने की कोशिश कर रहे थे। लगभग सन् 39-40 में ख़ास ज़मीन पर खेती करने के बारे में 24 परगना के किसानों में असन्तोष फैलने लगा। इसके अलावा, आँधी-तूफान-बाढ़ था, कभी-कभी फसल नहीं होती थी। चूँकि ख़ज़ाना बाकी पड़ गया था, जमींदारों ने उनलोगों को उजाड़कर खदेड़ दिया और ज़मीनें नये सिरे से सांझा-खेती के लिए बांट दी। सन् '39 में ही हैमिल्टन साहब के मैनेजर को मार-काटकर, दो-दो बन्दूकें छीन ली गयीं। वह सब थाने में है। गोसाबा में कृषक उच्छेद, ज़मीनों को ख़ास घोषित करने—इन सब मुद्दों को लेकर आक्रोश शुरू हो गया। जमींदार के गोला से धान की लूट...कचहरी में आगज़नी...! यह जो मैं इतनी बातें कर रहा हूँ, उसे समझाने के लिए, हर कोई, अपने-अपने समय में, मिट्टी जकड़े पड़े रहे और समिति गढ़ते रहे...यानी बाहर से आये...मगर खेती कैसे करने लगे? मानव ज़मीन ज्यों की त्यों पतित नहीं पड़ी थी, जी! वे लोग पूरी चेतना के साथ फूत्कार रहे थे। सतीन जैसे लोगों ने कामकाज बढ़ाये रखा था।

हम लोग कृषक श्रेणी के लोग तो थे नहीं। इसके बावजूद उन लोगों ने हमें

ग्रहण किया था। क्यों ग्रहण किया? उन लोगों को हम अपने-से क्यों लगे? उन लोगों का कहना था कि हम सब उनकी संगत में साथ-साथ रहे और वहीं पड़े रहे। उन लोगों ने नहीं खाया, तो हमने भी नहीं खाया। बारिश रे...कीचड़-कादा रे...सर्दी रे...सब तुच्छ करके, उनके आफत-विपद में दौड़ पड़े...मैं ही नहीं, सभी लोग। साल-दर-साल अपने करीब पाकर, उन लोगों को हम पर भरोसा बँधा। उन लोगों ने देखा कि हम लोग धोती-कुर्ता पहने, कलकत्ता से आकर, यहाँ सिर्फ मीटिंग-सभा करके ही, वापस नहीं लौट जाते।

हाँ, हाँ, कचहरी से...थाने से, ये सारी ख़बरे मशहूर हो गयी थीं! कृषक समिति की तरफ से यह ख़बर आम हो गयी—'वे सब कम्युनिस हैं। हाथ में लाल झंडा उठाकर चलते हैं। स-ब बाबू-घर के लड़के हैं। वे लोग कुर्ता-धोती चढ़ाकर आयेंगे, मीटिंग करेंगे और खिसक लेंगे। लोग क्या उनकी बातों पर नाचेंगे? भई, चीन्हे बाघ की खरोंच भी भली, अचीन्हा बाघ तो निगल ही जायेगा।' यही सब ख़बरें आम होती रहीं।

अन्त में सुरथ के पिता, जनार्दन ने कहा, 'अरे, चीन्हा बाघ ही तो खाय रहा है! देही का माँस खाय रहे हैं, ज़मीन खाय रहे हैं, धान खाय रहे हैं, औरतों की इज्जत खाय रहे हैं। जाओ, जाओ, फालतू मत बको। हम सब धान के चावल ही खाते हैं, घास नहीं खाते।'

देखो, अन्यत्र तो तेभागा उठा लिया गया है। रसराज ने कहा, हममें से किसी-किसी को समझ में आ गया कि यहाँ से आन्दोलन उठाना असम्भव है। सन् '47 में ही वहाँ के हिन्दू-मुसलमान औरत-मर्द धान काटकर अपने या समिति के खलिहान में जमा करने लगे थे। मुन्सिफ बाज़ार में मीटिंग के बाद, ऐसा उत्साह उमड़ा कि जगह-जगह से, पाँच-सात थानों से बुलावा आने लगा कि यहाँ आकर मीटिंग करो। कौन-कौन से गाँव से बुलावा आया है? ऐसे-ऐसे दूर-दुर्गम जगहों से, जहाँ या तो पैदल-पैदल चलकर पहुँचो या मगरमच्छ से बिना डरे, नाव पर सवार होकर पहुँचो। हमें पता था कि आन्दोलन उठा लेने की दावत देना, असंभव ही था। लेकिन पार्टी हेड क्वार्टर, विधान सभा में नेतागण, उन दिनों आन्दोलन को और आगे बढ़ाना नहीं चाहते थे। इसके बाद ही, हम कई लोग गिरफ्तार हो गये। मैं भी एक दिन हवालात में रहा सन् '48 में, आन्दोलन के शुरू-शुरू में ही, मैं चला आया।

अब? सन् '48 से ही जोतदारों ने गाँव-गाँव में पुलिस-कैंप स्थापित किया है। हम लोग बाहर नहीं निकल सकते। सभी लोगों को अपना पहचान-पत्र लेकर घूमना पड़ता है। पार्टी ने हिदायत दी—'सशस्त्र बनो'—इसलिए हम सशस्त्र प्रतिरोध के लिए तैयार हैं। इधर ईस्टर्न राइफल उतर आयी...इधर हम सब मुसीबत में पड़ गये। कलकत्ते में पार्टी हज़ार लोग भी रैली में नहीं जुटा पाती। यह तो विच्छिन्न

इलाका था। कलकत्ता से बिल्कुल कटा हुआ। बस, इस थाने से उस थाना...सारे के सारे छोटे-छोटे गाँव। पाँच गाँवों के सारे लोग भी आ जायें, तो भी पाँच सौ लोग जमा नहीं हो पाते।

'दादा, सशस्त्र संग्राम की तैयारी के लिए ही तो काकद्वीप को चुना गया है।'

'जानता हूँ!'

'और वह संग्राम होकर रहेगा।'

'जब उत्साह बेतरह उमड़ा पड़ रहा था, जब इन लोगों ने पार्टी के हुक्म का उल्लंघन किया, मालिकों के खलिहान में धान जमा नहीं किया, बल्कि अपने-अपने खलिहान भर लिये, चारों तरफ की समितियों से बुलावा आने लगा—'यहाँ आओ, यहाँ आओ' तब बहुत सम्भव था कि...अब तो पुलिस-मिलिटरी, काँग्रेसी होमगार्ड, दलाल, गुप्तचर—सभी काकद्वीप पर मानो संड़सी—आक्रमण के लिए आ रहे हैं।'

'यही तो समय है। उन लोगों का मनोबल अभी टूटा नहीं है।'

'हाँ, उन लोगों का मनोबल भी नहीं टूटा और मैं यह भी कहूँगा कि इन लोगों जैसा इन्सान तुम्हें कहीं नहीं मिलेगा। इनलोगों ने ऐसा मनोबल दिखाया कि हज़ारों-हज़ारों बहानों से वसूली, औरतों का इज़्ज़त लूटना—यह सब काकद्वीप के इतिहास से, हमेशा के लिए मिट गया। डर जब टूट गया, तो...'

'ये लोग दुर्जय शक्ति बन गये।'

'हाँ, दुर्जय शक्ति! गज़ब का मनोबल। जो विपिन चक्रवर्ती चरम पन्थ की बात करता है काश, वह यहाँ होता, तो वह भी समझ जाता कि जनगण किसे कहते हैं। ख़ैर, छोड़ो! अब बात करने के बजाय, जो जुटे, पेट में डालो और सो जाओ।'

'ठीक है!'

'मेडिकल स्क्वैड भी आ रहा है।'

'पार्टी सब कुछ करेगी, दादा!' सब कुछ!'

रात टेमी बत्ती की रोशनी में, पानी में मुरमुरे भिंगोकर खाया गया। अन्धेरे में नज़रें घुमाते ही, फिर वही धुंधली रोशनी। दूर-दूर तक फैले हुए धान खेत! धान पकने में अभी काफी देर थी!

जदुपति दादा ने कहा, 'चद्दर से मुंडी ढांपकर सोओ। साँपों का कुछ ठीक-ठिकाना नहीं। वैसे, वे बिचारे भी—आखिर कहाँ जायें!'

'तो जितनी लड़ाई है, धान को लेकर है—'

'अरे, भाई, चीनी लोग भी तो भात ही खाते हैं।'

'जी-हाँ!'

तड़ित सो गया। वह अपनी इच्छानुसार सो जाता था और जाग भी जाता था। उसे जो काम दिया गया था, उसके लिए उसे योग्यता अर्जित करनी पड़ी थी, जैसे

इन लोगों को अर्जित करनी पड़ी थी। नींद, विश्राम—इन सारे शब्दों पर नियंत्रण रखना पड़ेगा।

काकद्वीप मुक्तांचल होगा। जमींदार, पुलिस, मिलिटरी वहाँ नहीं होंगी। वहाँ सिर्फ लड़ाकू किसान, अपार धान खेत और अगणित लाल-लाल निशान होंगे।

तड़ित सो गया!

—'अगहन में पके धान के खेत होंगे! सन् 1948 में अगर ज़रूरत पड़ी, तो सशस्त्र प्रतिरोध के जरिये धान अपने-अपने खलिहानों में भरकर, किसान लोग बता देंगे कि जो हाथ खेती करते हैं, वही हाथ फसल उठाने के अधिकारी होते हैं। काकद्वीप के किसान, और किसी का अधिकार नहीं मानेंगे। क्यों मैं ठीक कह रहा हूँ न?'

समवेत आवाज़ आयी, "ठीक! बिल्कुल ठीक, कॉमरेड!

'वो हाज़रा, अगस्ती, दिन्दा, दास, घोष, बेरा, मन्ना लोगों की कचहरियाँ तो अत्याचारियों का प्रतीक है। उन सबको किसानों के क्रोध की आग में जलाकर, फूँक देना होगा?'

'हम तैयार हैं!'

'ये रहे स्टेनगन, ये रही पिस्तौलें! जरूरत पड़ी, तो ऐसे हथियार और भी आ जायेंगे। तुम लोग इन्हें चलाना सीख लेना। सतीन माइती क्या कहते हैं?'

'भई, किसानों के पास जो पहले से ही मौजूद है—दांव, कटारी, कुदाल, फावड़ा, पंहसुल, काँटों का झाड़, मिर्च-पाउडर—ये सब जाने-पहचाने हथियार क्यों छोड़ोगे?'

'नहीं! नहीं छोड़ेंगे और कचहरी में आग लगाकर, उस आग में अत्याचार के सारे कागजात, सारे रिकॉर्ड फूँक डालो।'

'लेकिन रिकॉर्ड जल गया, तो...'

'किसानों के हाथ-पैरों की हथकड़ी-बेड़ी टूटकर गिर जायेंगी। हथकड़ी-बेड़ी टूट गिरेगी, तो किसान आज़ाद हो जायेंगे। आज़ाद काकद्वीप में, आज़ाद किसान-राज की प्रतिष्ठा होगी! ज़रूर होगी! लाटदार-जमींदार-चाकदार-जोतदार, किसी का भी अधिकार नहीं होगा।'

'सब पुलिस के पीछे जा छिपे हैं। अब तो कलकत्ता से कोई आता ही नहीं।'

'नहीं आयेंगे! वे लोग डर गये हैं! जो लोग पुलिस की मदद से सुन्दरवन की माटी और लोगों के मालिक बने थे, वे लोग ही अब काँग्रेसी सरकार की मदद पा रहे हैं। यह सरकार नहीं मानेंगे। यह सरकार भूखे किसानों को गोली देती है, भूखे किसानों की बहू-बहन-बेटियों की इज्जत लूटते हैं और इन लोगों की सरकार कहती है कि हम अहिंसा के पुजारी हैं। पुलिस, मिलिटरी, जोतदार-जमींदारों की भरी-पिटी फौज, क्या अब काकद्वीप में शांति और अहिंसा की वाणी बोलती है?'

'हाँ, हाँ, उन लोगन को कुट्टी-कुट्टी काटने में कउनो दोष नहीं है।'

'हाँ, यही करना होगा! तैयार हो जाओ! प्रस्तुत रहो। अब किसी भी समय जंग होगी और इस बार लड़ाई जारी रहेगी, रुकेगी नहीं।'

'नही रुकेगी! नहीं रुकेगी!'

'मेरे ये हाथ देख रहे हो? हरिनघाटा में किसानों की अठारह हज़ार बीघा फसली ज़मीन, साहब, गवर्नर, छोटे लाट ने छीन ली और वहाँ धान रोप दिया।

उन लोगों ने एलान किया, 'किसानों को उखाड़ डालो। हम किसी को भी ज़मीन नहीं देंगे, मुआवजा भी नहीं देंगे। लाठीधारी फौज ने पुलिस फौज को घेरे रखा! उसके बाद करीब एक हज़ार किसान औरत-मर्द और मैं, एक रात धान काट लिया और फसल ले जाकर किसानों के गोलों में भर दिया।'

'ऐसा तो हम लोगों ने भी किया, कॉमरेड!'

'जानता हूँ। इसीलिए तुम सब किसान नहीं हो, किसान-फौज हो! युद्ध! युद्ध!! अब युद्ध होगा, वर्ना कुछ भी हाथ नहीं आयेगा। अगली मीटिंग बलरामपुर में होगी। अच्छा, चलता हूँ, फिर मुलाकात होगी।'

'कॉमरेड, अभी कहाँ जाओगे?'

'ताजेर हाट...'

'वह तो बहुत दूर है, जी!'

'क्रांतिकारी दूरी की परवाह नहीं करते।'

ताजेर हाट का मतलब था, सतोन माइती, नारायण (जादुपति हालदार), रतन हाज़रा, तड़ित, भुवन कामिल्या। रास्ते का मतलब था, कई कोस तक मेड़ों पर चलते हुए आगे बढ़ना। उसके बाद, नाव से यात्रा! रास्ते में एक परित्यक्त हाट में, गमछे में चिउड़ा बांधकर, पोखर में डुबो देना! भींगा चिउड़ा और पोखर का पानी।

सतीन ने कहा, 'शालुक और शांपला के कई एक डंठल भी ले लूँ।'

भुवन ने कहा, 'साथ में कई एक साँप भी बटोर लेना। पिछली बार तो बटोरा ही था। कितना मना करता रहा, ओ सतीन' दा, ई तो हिल रहा है, जी। लेकिन तुम बार-बार यही कहते रहे कि रज्जु में सर्पभ्रान्ति!

जदुपति ने कहा, 'रहने दो! संचय क्या करना है? जो जुटेगा, वही खा लेना; नहीं जुटा, तो मत खाना।'

'दादा, सुना है कि ताजेर हाट के किसान काफी मिलिटेंट हैं।'

'सन्, 47 में खुद ही अपने खलिहान में धान भर लिया। उस वक्त मनोबल भी इतना था कि बाघ के मुँह में हाथ घुसेड़ने में भी न डरें। उन्हीं दिनों समिति ने मिलिटेंट किसानों को चुन-चुनकर, जगह-जगह छोटे-छोटे जंगी दल गठित किया। ये लोग ही न्यूक्लिअस थे।'

मीटिंग! मीटिंग! मीटिंग के बाद मीटिंग! सन् 1948 में फसल-कटाई के युद्ध के लिए तैयार रहो।

'फसल अपने ही गोले में भरना है, यह बात याद रखें। ज़रूरत पड़े, तो जमींदार और पुलिसवालों का प्रतिरोध करके, फसल काटनी होगी।'

'पुलिस से डरें नहीं। धान-खेत छोड़कर कोई बंदा न हिले। हर इन्सान कन्धे से कन्धा मिलाकर, दीवार बने रहना और आगे बढ़ते जाना। यह चलता हुआ अनन्त बैरिकेड उन लोगों के मन में दहशत भर देगा।'

'हमला हुआ, तो आत्मरक्षा के लिए विरोध करना। तुम्हारे पास जो भी है, वही तुम्हारा हथियार है! सुन्दरवन में रहते हो, दाँव-कुल्हाड़ी-कुदाल-हंसिया-भाला-तीर-धनुष—किसके घर नहीं है?'

'गाँव में अगर पुलिस को आते हुए देखो, तो फौरन बार-बार शंख बजाना और उसके बाद, उनका विरोध करने के लिए आगे जमींदार-जोतदार-लाटदार किस खेत के मूली हैं? साम्राज्यवाद की बुनियाद हिल जायेगी।'

हाँ, तड़ित को कुछ ऐसा ही विश्वास था। तड़ित काकद्वीप, तेभागा को मारभुखी और जंगी बनाने के लिए, प्रेरित सैनिक था। इसलिए वहाँ के किसान नेताओं के साथ घूम-घूमकर वह अग्निगर्भा भाषण देता फिरा।

'तड़ित' नाम का विद्युत-प्रवाह बहने लगा।

आज यहाँ, कल तीन-तीन नहर पार करके, वह दूर पहुँच जाता था।

आसमान के सितारों के आलोक में वह रास्ता पहचानता हुआ, सारी-सारी रात पैदल चलता रहता था।

सूरत-शक्ल से वह सभी लोगों जैसा ही है, कोई भी उसे अलग से चट-जल्दी पहचान नहीं सकता था, वर्ना बेड़ा-हाट में चलते हुए, पुलिस उसे गिरफ़्तार न कर लेती?

उसे पहचानती भी कैसे? उसकी क्या कोई तस्वीर देखी थी किसी ने?

इस तरह जब धीरे-धीरे भविष्य के किंवदन्ती की बुनियाद तैयार हो रही थी, उस वक्त कहीं, किसी तम्बू में या दफ़्तर में या मेज़ पर शासकों की लाल पेन्सिल, बिछे हुए नक्शे पर, एक नाम पर गोल-गोल निशान लगाने में व्यस्त थी।

—'दक्षिण मंगलसीढ़ी...'

—'सन्देहास्पद गाँव...'

—'सतीन माइती...नारायण...जाने और कौन-कौन वहाँ जाकर औरतों की कमिटी बना आये।'

—'बात हो रही है कि 'दैट पर्सन', तड़ित! उस आदमी ने परसों या तरसों वहाँ मीटिंग की है—'

—'ठीक-ठाक, सच-सच बताओ, हे इन्फॉर्मर!'

इन्फॉर्मर ने जुबान फेरकर, अपने सूखे होंठ गीले किये, 'जी, जी, परसों गया था...'

—'यानी अभी भी...?'

—'जी, वह एक जगह टिककर नहीं रहता, सर, मानो उड़कर भाग जाता है।'

—शट अप! उड़कर भाग जाता है! जादूगर है!

उत्तेजित निःशब्दता!

सन्! 1948 की 6 नवम्बर को सिर्फ मंगलसीढ़ी में ही नहीं, चारों तरफ के गाँवों में पुलिसिया तलाशी शुरू हो गयी। कृषक समिति और कम्युनिस्ट पार्टी के लोगों को गिरफ़्तार करना ही होगा। स्वतन्त्र भारत सरकार, पश्चिम बंगाल राज्य सरकार के लिए, काकद्वीप एक लज्जाजनक गाँव है! शर्मनाक गाँव! दोनों सरकारों की भावमूर्ति नष्ट हो रही है। अभी उसी दिन पश्चिम बंगाल के गृह-मंत्री, लॉन्च में सवार होकर, पुलिस के सुरक्षित पहरे में, काकद्वीप का चक्कर लगा गये थे।

उन्होंने खेद जताते हुए कहा, 'एसेम्बली में सांझा-खेती-उच्छेद का मुद्दा उठाया गया है। स्वाधीन भारत में ऐसा अन्धेरखाता, हम नहीं चलने देंगे। भली बात कहें, तो क्या वे लोग सुनेंगे? अभी उसी दिन गांधी...इसके बाद भी वे लोग हिंसा की राह छोड़ने को राज़ी नहीं हैं। नहीं छोड़ेंगे हिंसा की राह! ये लोग हमेशा से ही ऊलजलूल पार्टी हैं! लेकिन, यह बुद्ध-चैतन्य-गांधी का देश है।'

लॉन्च आगे बढ़ता रहा अफसरों के चेहरे भावलेशहीन! पुलिस ने राइफल तान रखी थी। उनकी निगाहें तटभूमि का चप्पा-चप्पा तलाश करती रहीं। लॉन्च की आवाज़ से झुंझलाकर, बगुले अपने पंख फड़फड़ाते हुए कभी आसमान की तरफ उड़ रह थे, कभी पेड़ों की फुनगियों पर जा बैठते थे। पंछियों का कलरव गूँज रहा था। वे सब प्रवासी पंछी थे। दुनिया की सर्द और बर्फीली जगहों से उड़कर, झुंड-झुंड आते हैं और गर्म देशों के जल में कल्लोल करते हैं। वह समय, अलीपुर, चिड़ियाखाना, पूर्व बेलेघाटा और पूर्वांचल में प्रवासी पंछियों के उतरने का समय था।

गृहमंत्री काकद्वीप, डायमंड हार्बर घूम-फिरकर, कलकत्ता वापस लौट गये।

कालीपुर, लयालहाटी के करीब ही, काकद्वीप के धुर दक्षिण में, मंगलसीढ़ी और उत्तर मंगलसीढ़ी गाँव! दक्षिण मंगलसीढ़ी को ख़बर भी नहीं हुई कि नवम्बर की छः तारीख को वह गाँव, इतिहास बनने वाला है। वैसे इतिहास बनने का भी एक नियम होता है। 'इस जगत में नियम का ही राज-पाठ है—' रेनेसां युग के किसी मनीषी ने कहा था। नियम यह था : 'गाँव जैसा है, वैसा ही रहेगा, बस, नाम इतिहास बन जायेगा।'

कार्तिक माह के आखिरी दिन! धान-कटाई चल रही थी। साधू-वैरागी गा-गाकर मधुकरी माँग रहे थे। दास वैरागी अपने झोले में शंख लिये चल रहा था। ये सारी बातें तड़ित ने बाद में जानीं, घटना-समय में वह, वहाँ मौजूद नहीं था। झरे हुए धान चुग-चुगकर खाने के लिए, हरे-हरे तोतों का झुंड, खेतों में उतर आया था। ऐसे समय में, दास वैरागी बार-बार शंख बजाने लगा। शंख-ध्वनि से सुबह का आकाश-वाताश गूँज उठा।

सभी लोग ननी माइती के घर की तरफ दौड़ पड़े! पार्टी ऑफिस में! उस ऑफिस के सेक्रेटरी थे—गोपाल जाना!

दास वैरागी ने चिल्लाकर कहा, 'जाना रे, पकड़ने आय रहे हैं। जाना रे, धरने बदे...'

पुलिस तब तक जाना के घर में घुसकर कागज-पत्तर की तलाशी लेने में जुट गयी थी।

वरदाकान्त भूंइया ने कहा, 'रस्ता दिखाकर हमारे जमींदार का नायब, नरेश ही यहाँ तक लाया है। और चरण? चरण जब समिति करता था, तभी मन कहता था कि कमबख़्त ज़रूर विभीषण ही होगा, वर्ना आज समिति करता भला? कल कचहरी जाकर नौकरी लेता भला?'

मर्दों के हाथ में लाठी! औरतों के हाथ में झाड़ू और पंहसुल! औरतें आगे-आगे, मर्द पीछे! वरदाकान्त की ज़मीन के करीब ही किसानों ने पुलिस को घेर लिया। आक्षरिक अर्थ में, सादे कपड़े पहनकर आने का नतीजा, सी आइ डी अफसर, रूपेन को हाथों-हाथ मिल गया। किसान औरत-मर्दों ने उसे बेभाव पीटा। राम मोहन मंडल पुलिस की बन्दूक की नली पकड़कर झूल गया।

उसने चींखकर कहा, 'सब लोग बन्दूक लेकर चले जाओ, वर्ना मारे जाओगे।'

धान-कटाई पूरी हो चुकी थी। कतार-दर-कतार खेत-मैदान, मानो प्रकृति के माइल-स्टोन बन गये थे! सबके सब खाली-खाली, विरान! पुलिस अब भी मेड़ पर ही जमी रहे या नीचे उतरे? विभ्रान्त होकर, आखिरकार पुलिस ने मोताहर शेख के दरवाज़े पर लात मारी।

जैसे ही पुलिस अन्दर घुसीं, मोताहर की बीवी झट् से बाहर निकल आयी और उसने दरवाज़ा बाहर से बन्द कर दिया।

अगले ही पल उसने चील-चीत्कार किया, 'घर में आगी लगा दे! हम उन सबन को जलाकर मारूँगी। अरे, जिन्दा रहना चाहता है, तो बन्दूक फेंककर, बाहर निकल आ।'

अपनी-अपनी बन्दूकें फेंककर, वे लोग सच ही बाहर निकल आये। उन लोगों को नरेश को किसानों के हवाले करने का वचन देना पड़ा। राइफल अगर उन लोगों को वापस भी मिल जाये, तो वे लोग चलायेंगे नहीं, यह वादा भी करना पड़ा।

राममोहन ने कहा, 'नरेश हमारे यहाँ बन्धक रहेगा। बाद में मूल-ब्याज समेत छुड़ा लेना।'

नरेश परेशान नहीं हुआ। हाँ, सेन बाबू लोगों की कचहरी करीब ही थी। यह सोचकर भी उसे राहत मिली। वैसे भी नायब के तौर पर, वह तो अपने मालिक का गुलाम था। उन्होंने जो-जो कराया, उसने किया। सब कुछ के बावजूद, सभी जाने-पहचाने लोग थे...। नरेश उन लोगों की आँखों में थोड़ी-बहुत हमदर्दी तलाश

करता रहा लेकिन, सबकी आँखें निरुत्तर थीं।

वरदाकान्त ने कहा, 'चलो, जी, लौट चलें।'

मोताहिर की बीवी और सुवासी को चील-चीत्कार दुबारा गूँज उठी, 'सुचंद माइती काकद्वीप थाने की सगरी पुलिस लेकर आय रहा है, जी, चलो, कचहरी चलो।'

नरेश, शरतनाथ और बिजली की तरफ धकिया दिया गया। शरत् उसे खींचता-घसीटता रहा वह उसे टगरदास करण के घर में खींच ले गया।

नरेश महीन आवाज़ में गिड़गिड़ाता रहा, 'घसीटो मत, भइये, मैं खुद ही चलता हूँ–'

'फलां की फलां रिस्तेदारी चूल्हें में जाये! यहाँ तेरा कोई सगा-सम्बन्धी नहीं है।'

नरेश कहता रहा, 'पुलिस आने वाली है। वह मुझे साथ लिये बिना नहीं जायेगी! बेवजह दुर्योधन मत बन, शरत। मुझे छोड़ दे...।'

टगारदास की भीतरी कोठरी में उसे धकेलकर, शरत ने कहा, 'सुन लो, कोई दरवज्जा खोलकर, इसे बाहर नहीं निकालेगा। ऐसा हुआ तो सर्वनाशी लंकाकांड हो जायेगा।'

कचहरी से होते हुए, पुलिस की विशाल फौज दक्षिण-मंगलसीढ़ी में घुसने के लिए ज़ोर लगाने लगी।

छोटे दारोगा ने हाँक लगाकर कहा, 'हट जाओ! हम नरेश दस का उद्धार करने आये हैं।'

पुलिस हाँक लगाती रही, महाबली सुचंद भी चींख-चींखकर कहता रह, 'हट जाओ! हम नरेश को लेकर ही जायेंगे।'

गुस्से से उन्मत्त विनोदिनी ने कहा, 'हुंहः नरेश जैसे सीता है और ये साहेब रामचन्दर हैं। उद्धार करने आये हैं। तो करो, उद्धार! अरे, ओ, मरखउका! ओ ननबुद्धि!! उद्धार नहीं करेगा?'

विनोदिनी ने झाड़ू मार-मारकर सुचंद का चेहरा बिगाड़ डाला। दारोगा सीटी पर सीटी बजाता रहा।

सुचंद ने चिल्लाकर हुक्म दिया, 'फायर! फायर!'

पुलिस बेहद आज्ञाकारिणी थी। स्टॉप! क्विक! फायर!–असल में कुछेक संख्यालघु शब्द, पुलिस को सक्रिय बना देते हैं। सुचंद कोई पुलिस अफसर नहीं था। लेकिन, पुलिस तो 'फायर' शब्द की गुलाम थी। गोलियाँ चलीं! गोलियों के खट्खट् शटद गूंज उठे। स्वाधीनता की उम्र, एक साल चार महीने! सरकार 'अहिंसक' थी।

पहली गोली, विनोदिनी के बड़े भाई मोहन ने अपनी गर्दन पर झेली।

पुलिस और किसान! मेड़ों पर और आस-पास के मैदानों में!

विनोदिनी चींख उठी—'दा-दा, रेऽऽ!'

नयनजुली नदी के जल में अपना आँचल भिंगोकर, माई की गर्दन भिंगोने की कोशिश की। चंद बेयोनेट के कुन्दे, विनोदिनी के तल-पेट से टकराकर लौट आये। चोट पड़ती रही और कुन्दे फिर-फिर उठते-गिरते रहे। गोलियों की अनवरत् बौछार!

—काकद्वीप, आज़ाद इंडिया के नक्शे पर कलंक है! शर्मनाक!

हथियारों में ढेर-ढेर गोलियाँ!

भोमरा, सुवासी, अक्षय, वीरेन वगैरह गोलियों से छलनी हो गये।

'ना...रेऽऽ!' ज़मीन कँपाते हुए, राजन भुंइया, हाथ में डंडा थामे, उछलकर सामने आया और उसकी देह, बुलेट की मार से बार-बार कँपकँपाता रहा गर्भवती कौशल्या दास, देह में बुलेट लिये, अपनी दोनो बाँहें फैलाये, कुछ दूर तक दौड़ गयी। उसके अन्दर खून की धार के साथ-साथ जाने का कुछ तो नीचे उतरता रहा अब वह घूमी और पीछे की तरफ चलने लगी! उसकी दोनों ओर सब कुछ छाया-छाया और अलीकि! धान की पकी फसल कहाँ थी? गोले तो धान से भरे हुए थे। धान की गंध, खून की गंध में घुलकर, मछली-भी गंधा रही थी। कौशल्या बैठ गयी। माटी पर गिरकर उसका अंग-अंग खिंचने लगा। पति, नगेन और किशोर बेटा रमाकान्त ने उसे कसकर चिपटा लिया है, यह अहसास होते ही कौशल्या मानो अपने से बेख़बर हो गयी।

ना, पुलिस कौशल्या और सुवासी को नहीं ले जा पायी। सुवासी भी अपने पति-बच्चों के पास पहुँच गयी थी।

किसान दूर खड़े थे, मृतकों को पुलिस ने घेर रखा था। लाशों की एड़ियों में संगीन की नोंक में गूंथकर, वे लोग दक्षिण-मंगलसीढ़ी की विनोदिनी, भोमरा, अक्षय, वीरेन, मोहन और राजन गाँव की माटी को मृत्यु के बाद भी अपना खून देते-देते घसीठे जाते रहे।

उसके बाद, एक बार फिर सन्नाटा!

मानो कहीं, कुछ नहीं हुआ।

—'अरे, कोई सुधन्य डॉक्टर को बुला लाओ! सुवासी की साँस अभी चल रही है।'

—'उनके आते-आते, साँस रूक जायेगी।'

किसानों की भीड़ तीतर-बीतर हो गयी थी। पुलिस के जाते ही, वे लोग लौट आये।

भयंकर क्रोध से बिफरते हुए वरदाकान्त ने हुक्म दिया, 'नरेश को ले आ।'

विमूढ़ता पर काबू पाने में थोड़ा वक्त लगा।

शरत बिजली खामोश!

'शरत, तुम उसे घसीटकर नहीं लाये?'

शरत खामोश!

'वो रही...शरत की माँ खड़ी है। बताओ, तुम्हें बेटा चाहिए या नरेश? दुश्मन का रक्त-दर्शन किये बिना, मैं यहाँ से नहीं हिलूँगा।'

किसी ने कहा, 'शरत से अगर इतनी ही पिरीत है, तो दोनों को ही काटकर बहा दो!'

शरत की माँ चीख उठी, 'खड़ा-खड़ा देख क्या रहा है? टगरदास के घर से दुश्मन को घसीट ला–'

बदले की आग में जलते हुए, दृढ़-संकल्प किसान, टगरदास के घर पहुँचे।

'उसे बाहर निकालो, वर्ना सबके सब आग में जल मरोगे। अभी भी हमारे खून में आग धधक रही है।'

घरवालों ने नरेश को धकेलकर बाहर निकाल दिया। नरेश की जुबान को मानो लकवा मार गया हो! सबके सामने हाथ जोड़कर, वह आँखों के इशारों में प्राण-भिक्षा माँगने लगा।

स्वभाव से परम वैष्णव, राममोहन ने कहा, 'इसके दोनों हाथ तोड़कर, छोड़ दो उसे...'

नरेश के सिर पर उद्धत लाठी आ पड़ी।

'इससे क्या सज़ा दूँ? इस वक्त हम ही अदालत हैं–' ईचू मुल्ला चिल्लाया।

नहीं! किसी की भी आँखों में क्षमा नहीं थी।

किसानों की समवेत दहाड़ गूँज उठी, 'इसी के लिए हमारी माँ-बहनों-भाइयों की...इतनी सारी जानें गयीं। अभी भी सुवासी, कौशल्या की गतिगंगा बाकी है...! अब सोचते क्या हो? बदला लो।'

एक के बाद एक लाठियाँ उतर आयीं।

शंखमुखी दरिया में उस वक्त भाटा आया हुआ था। सूरज ढल चुका था।

शंखमुखी की छाती पर नरम-नरम बेभाव कीचड़-कादा!

शंखमुखी की छाती पर नरेश को पटककर, लाठियों की बरसात से उसे पाताल में निर्वासन दे दिया गया!

ग़ज़ब की दोपहर!

ग़ज़ब की रात!

क्योंकि, कहीं, कोई रुलाई या विलाप नहीं था।

सिर्फ और सिर्फ निःशब्दता थी।

अगले दिन सुबह-सुबह ही लॉन्च से और विशालतर फौज लेकर, खुद एस डी आ पहुँचे।

वे स्तम्भित थे। मरने-मारने पर उतारू किसानों की विशाल फौज के साथ, पुलिस फौज की लड़ाई छिड़ गयी थी, क्या इसीलिए गोलियाँ बरसाना, अत्यावश्यक हो गया था? भरपूर गर्भवती औरत समेत, चार-चार औरतों को जान से मार डालना; एक औरत को बेयोनेट की मार से टुकड़े-टुकड़े कर डालना, क्या परम आवश्यक था?

सारे धान तो काटे नहीं गये थे।

घटनास्थल की मेड़ की दोनों ओर पके धान के खेत तो ज्यों के त्यों थे।

कौशल्या की लाश देखकर, पल भर के लिए उन्होंने आँखें मूँद लीं! सियार.. .पशुता...कौशल्या का पति और पुत्र निरुत्तर! वे लोग काफी दूर चले गये थे। अब उन लोगों को नियन्त्रित नहीं किया जा सकता।

'जला दो—' इतना कहकर वे पीछे मुड़ गये। क्या हुआ होगा, वे समझ गये। कौशल्या का शव! उसके पति-पुत्र की खामोशी! हिलती लहराती धान की बालियों ने ही सबकुछ बता दिया। लेकिन सरकारी रिपोर्ट में वे यही लिखेंगे, जो सरकार भी एकान्तिक रूप से यही चाहती थी। कम्युनिस्ट पार्टी से प्रभावित, यह किसान-जनता बेहद वायोलेंट...बेहद विकराल और महाहिंसक हो उठी थी।

वे सुवासी की लाश, वरदाकान्त और कुछेक अन्य कर्मियों को लेकर चले गये।

कौशल्या की चिता, उसकी अपनी ही माटी पर सजायी गयी। घटना के तत्कलीन फौलो-अप स्वरूप, नरेश की तलाश करती हुई पुलिस ने दक्षिण मंगलसीढ़ी को घेरकर पाँच-सात छावनियाँ डाल लीं। नदी में चौबीसों घंटे पुलिस की लॉन्च गश्त लगाने लगी।

दक्षिण-मंगलसीढ़ी से बाहर निकलने वाली, हर पगडंडी पर, पुलिस का पहरा! किसानों के बत्तख, मुर्गी, बकरी, पोखर, माछ, सबकुछ हाथ से फिसल गया। बहुतेरे घर माटी में रुल मिलकर बेनिशान हो गये।

6 नवम्बर को गाँव में मौजूद न रहने के अपराध में पुलिस, विलासचन्द्र प्रधान को सुबह 8 बजे से शाम 4 बजे तक अहिंसा भाव से लगातार मारती-पीटती रही।

शरत बिजली समेत बहुतेरे लोग गिरफ़्तार हो गये।

नरेश का अता-पता नहीं मिला। दक्षिण-मंगलसीढ़ी बेईमानी नहीं करता। संग्रामी लोग, लाल फौज के नाम से विख्यात होते-होते, धान-कटाई के समय वहाँ से चली गयी। काकद्वीप आन्दोलन के मामले में भी वे लोग दक्षिण की तरफ, दुर्गम जगहों से खिसक गये। आन्दोलन का क्षेत्र, सोनाखाली था, वह क्षेत्र वैसा ही कायम रहा वहाँ के किसान मीटिंग और जुलूसों में इस ढंग से जमा होते थे, अपने-अपने खलिहानों में धान भर रहे थे, मानो दक्षिण-मंगलसीढ़ी में जो घटना

घटी, उससे क्या फर्क पड़ता है? वे लोग डर जायें? भाग जायें? उन सबके लिए यह बेहद हास्यास्पद बात थी।

'एक सौ चौवाल्लिस धारा क्या जारी नहीं है?'

'मुझे क्या मालूम? यह एक सौ-दो सौ की जानकारी हमें नहीं है।'

'तड़ित के सर के लिए इनाम...?'

'तड़ित कौन?'

लेकिन प्रशासन तो सोनाखाली पर नज़र रखे हुए था। सोनाखाली की भी नज़र पुलिस पर थी।

रात के वक्त, धान-खेतों की मेड़ें तोड़कर, दक्षिण-मंगलसीढ़ी में चावल, रुपये, दवाएँ थोड़ी-थोड़ी करके आती रहीं।

तड़ित ने गोरा डॉक्टर से कहा, 'दक्षिण-मंगलसीढ़ी देखकर मुझे लगा है कि पार्टी की मेडिकल स्क्वैड सारा काम करेगा, यह सम्भव नहीं है। किसानों को ही सिखा-पढ़ा लेना होगा।'

यह गुप्त ठिकाना, सोनाखाली से काफी दूर था। पुलिस जल और जंगल का चप्पा-चप्पा तलाश कर रही थी।

उसने कहा भी, 'यह तो बाघवाली कहावत हो गयी। मुझे बाघ नज़र नहीं आता, मगर बाघ को मैं नज़र आ रहा हूँ।'

'बाघ के दस दिन सही, हमारा भी एक दिन ज़रूर आयेगा।'

'कब आयेगा? वे लोग तो धान काटते ही जा रहे हैं।'

'बस, धान-कटाई के समय ही...'

और धान-कटाई के समय ही सोनाखाली में पहली जंग हुई।

एस डी. भी भौंचक्के रह गये। ये लोग क्या प्रशासन के मनोभाव कभी नहीं समझेंगे? उन लोगों ने एक तरफ पहरा लगा रखा था ताकि पुलिस आये, तो सबको पहले ही खबर हो जाये। दूसरी तरफ सांझा-किसान धान कटाई करेंगे।

'शंख बजाकर वे लोग ख़बर कर देते हैं। खबर देने से क्या होता है? गाँव 'दक्षिण-मंगलसीढ़ी' बन जाता है।'

यहाँ की औरतें भी ग़ज़ब हैं। आर्मूड 'पुलिस' हथियारबन्द फौज! धान-कटाई में डूबे हुए सांझा किसानों को पुलिस पीट रही थी, क्योंकि उन लोगों को यही हुक्म मिला था। भरपूर गर्भ लिये, अपनी दोनों बाँहें फैलाये, चिड़िया की तरह पंख फड़फड़ाकर, दौड़ती हुई आ पहुँची वह औरत! पुलिस बन्दूक के कुन्दे से पीट-पीटकर, उसे बेहाल कर देगी, क्या वह नहीं जानती थी? उस हालत में, उस क़िस्म की मार खाने पर, गर्भपात् तो होना ही था।

गो बैक! कीप सायलेंट! लॉ ऐंड ऑर्डर...जो माँग करे, उसे मानो। लेकिन, नहीं, वे लोग नहीं मानेंगे।

हर घटित घटना से सोनाखाली को मानो और अधिक उद्धित हो उठने के लिए, बढ़ावा मिल रहा है, सोनाखाली फायरिंग को खुद आमंत्रण दे रहा है। कल भी वही घटना हुई। आज उन लोगों ने जमींदार को पकड़कर बेभाव पीट डाला! सोनाखाली फायरिंग के लिए उकसा रहा है।

31 दिसम्बर की सुबह, सोनाखाली, पुलिस की तरफ से गोलियाँ बरसाने में सक्षम हो गया और इतिहास बन गया। आज गाँव, कल इतिहास!

विशाल-विशाल जुलूस! अनगिनत औरतें! अनगिनत मर्द! जुबान पर नारे—

जान देंगे, पर ज़मीन न देंगे

जान देंगे, पर धान न देंगे

अगर नारे गूँजते रहे, अगर जुलूस निकलते रहे, तो जमींदार-कचहरी में अड्डा गाड़े पुलिस भी राइफल ताने निकलेगी। अगर जुलूस चलता रहा, तो किसान एक के बाद एक सांझा-ज़मीन के धान काटते रहेंगे। उन जुलूसों में अगर 'वेरी मच वांटेड' अहमद साहू मौजूद हो, तो पुलिस उसे गिरफ़्तार करेगी—यह सब स्वाभाविक था। जुलूसों का काफिला, हिंस्र औरत-मर्दों का चेहरा बन जायेगा! वे लोग पुलिस का घेराव करेंगे, अहमद को रिहा कराने के लिए रस्साकशी होगी, पुलिस वापस लौट जायेगी—यह सब स्वाभाविक था।

लेकिन ऐन सुबह की घटना की शाम को भी पुनरावृत्ति होगी? उसी तरह का जुलूस! फिर वही अहमद साहू! हाथों में लाल झंडे! लाठी और हंसिया! औरतों के आँचल में धूल और रेत! हर जुबान पर नारे...नारे...और नारे!

—ज़मीन किसकी?

—किसान की! भूमिहीन की!

—निषिद्ध क्या?

—सबका शोषण! अत्याचार!

—राह दिखायी किसने?

—पार्टी! पार्टी! कम्युनिस्ट पार्टी!

पुलिस घेरती रही! बार-बार घेरती रही! टार्गेट—अहमद साहू!

तरणी बारिक ने गरजकर सवाल किया—'ओ पुलिस, पाते तो हो, कुल अट्ठावन रुपल्ली! किसानों की धर-पकड़ काहे करते हो?'

उसका सवाल, हर जुबान पर गूँज उठा!

—पुलिस पाये!

—अट्ठावन रुपल्ली!

—पुलिस धरे।

—किसानों को

—काहे, पुलिस, काहे?

'काहे' या 'क्यों'—यह सवाल पुलिस अपने से कर पाती, इससे पहले ही गाँव की तेज़-तर्रार कॉमरेड, दासीबाला ने अपने आँचल में समेटी धूल और रेत, पुलिस की आँखों में झोंक दी। पुलिस की आँखों में धूल और रेत की लगातार बरसात होती रही और तभी हुक्म गूँज उठा—फायर!

बेहद—बे-हद करीब से फायरिंग होने लगी, बे-हद करीब से! प्राणकंठ और धीरेन ज़मीन पर धराशायी हो गये। घायल और गोलियों से छलनी, अधीर को टांगों से झटककर घसीटते हुए, पुलिस ने दौड़ लगायी। फिर फायरिंग! पुलिस लौट गयी! लौटना ही पड़ा।

—घायल और ज़ख़्मी लोगों को हटाओ, जी!

रणक्षेत्र सहसा परित्यक्त हो आया! धूल खून से सन गयी! खून की धार बहने लगी। औरत-मर्द किसान, सोनाखाली छोड़कर, सहसा फुर्र हो गये।

उपकंठ के गुप्त ठिकाने पर, मेडिकल कर्मी किसान, घायलों को लिटाते रहे! गज, बैंडेज, रुई लाओ, रे!

ग्यारह लोग गम्भीर रूप से घायल थे।

आधी-रात को गोरा डॉक्टर

भोर-रात को तड़ित! वह पैदल-पैदल ही चलकर आया था।

तड़ित ने धीमी आवाज़ में कहा, 'काकद्वीप को मुक्तांचल बनाना ही होगा। मुक्तांचल में ही फौज तैयार की जा सकती है। हमारे सामने लाल फौज का दृष्टांत है।'

'लेकिन...दवाएँ पर्याप्त नहीं हैं, कॉमरेड!'

'आयेंगी! गोरा डॉक्टर ले आयेगा।'

युद्धक्षेत्र जैसे सिमटकर दक्षिण-काकद्वीप के दक्षिणी हिस्से में केन्द्रित हो रहा था, जिसके पूर्व में बड़तला नदी थी, पश्चिम में सप्तमुखी नदी, पूर्व और पश्चिम में दो-दो द्वीप, जो संकीर्ण प्रलम्बित भूखंड के दक्षिण में, सागर जितना विस्तृत गंगा का मोहाना और बंगोपसागर बन गया है, यह संग्राम भी उतना ही जटिल और भयंकर था। अब पुलिस नहीं, जंगी फौज काकद्वीप की निगरानी कर रही थी। 'ऑल फॉर पैडी' की कहानी सुनकर, कलकते में बैठे, एक फौजी-अफसर ने विस्मित लहजे में पूछा, 'हैरत है! बंगाल में क्या राइस की बिक्री नहीं होती? वे लोग ख़रीद भी तो सकते हैं।'

'वे लोग धान की खेती करते हैं—'

'ओह, किसान! वे लोग तो...येस!'

तेलंगाना में कुछ ही दिनों के तजुर्बे ने अफसर को खामोश कर दिया। मन लायक शब्द खोजकर उसने कहा—'डेंजरस!'

'जी-हाँ, वह जगह डेंजरस है! सच तो यह है कि नाव के अलावा वहाँ तक

पहुँचने की कोई राह नहीं है; चारों तरफ नहरें-झील, जाल की तरह फैली हुई हैं। उन सभी जगहों में लॉन्च तो क्या, बड़ी-बड़ी नावें भी दाखिल नहीं हो सकती थीं और भाटा के समय, हर जगह ढेर-ढेर, कादा-कीचड़; ज्वार के समय काट खानेवाले मगरमच्छ! 'वही' साँप तो ख़ैर सर्वत्र थे।

'वहीं...'

'वहीं?' आग जल रही है, जलती रहती है!'

सन् 1949 और 50 तक स्थिति बेहद सवालिया और समस्या संकुल थी। शहर और शिल्पांचलों में हड़ताल की पुकार हुई—आज हड़ताल! आज चक्काबन्द! पुलिसिया दमन उत्पीड़न से रेलवे स्ट्राइक भी ख़त्म हो गयी। लेकिन पार्टी को लगा कि जन-उत्थान का समय आ पहुँचा है। पार्टी ने सोचा, भारत में राष्ट्रीय आन्दोलन के नये स्तर के बारे में, नये ढंग से सोच-विचार करने का, यही समय है। यही वह समय है, जब ग्रामीण इलाकों में सशस्त्र कामकाज पर ज़ोर डाला जाये।

कलकत्ता से दूर, किसी अन्य नक्षत्र में निर्वासित, नहर नदी में विभाजित, दक्षिण काकद्वीप में, आन्दोलन के नेताओं को भी निर्देश मिला—आन्दोलन को जंगी बनाओ। रुपये-पैसे, अस्त्र-शस्त्रों की कमी नहीं होगी।

उन दिनों तड़ित का भारी फौजी बैग, पार्टी से मिले हुए रुपये-पैसे, हथियार और कपड़े-लत्तों तथा दवाओं वगैरह से भरा हुआ, सिन्दवाद का वजनी बैग बन गया। वह बोझ वह लादे रहा पार्टी द्वारा भेजे हुए रुपये-पैसे, पार्टी के निर्देश बिना खर्च करने का, उसे अधिकार नहीं था।

कालीपुर-लयालहाटी, नये संग्राम का किला बन गया। अत्याचारी-लम्पट ज़मींदार-महाजनों की जितनी कचहरियाँ थी', वहाँ से उन सबको हटा दिया गया। ज़मीन, बैल, संदूकों में बन्द, रेहन रखे गये बर्तन-भांडे—सारा कुछ किसानों को बाँट दिया गया। आस-पास की कचहरियों में भी यही हुआ। लयालहाटी का प्रधान नेता था—ब्रजेन माली। लयालहाटी को नया नाम दिया गया—लालहाटी! लालहाटी में लहराते हुए लाल झंडे, जमींदारों के लिए आतंक बन गये।

तड़ित ने कहा, 'यह हमारी विकट्री है! हमारी विजय! इससे यह घोषित हो गया कि लालहाटी इलाके में हमने कदम रख दिया है! यह 'मुक्त इलाका' है। यहाँ 'मजूर-खेतिहार राज' की प्रतिष्ठा हुई है।'

उन दिनों कुंज दादा, जगह-जगह अग्निगर्भा भाषण देते फिरे—'सारे धान अपने-अपने खलिहानों में भर लो। ज़रूरत पड़े तो हथियार थामो! जोतदार, जमींदार, उनके लठैत...काँग्रेस सेवादल की गुंडा-फौज का मुक़ाबला करो! सशस्त्र प्रतिरोध करो।' अपने भाषण पर कुंज दादा खुद ही अभिभूत था।

'क्यों? अच्छा बोल रहा हूँ न?'

'इतिहास...आप से बुलवा रहा है, दादा! इन्सान इतिहास का और इतिहास

ही, इन्सान का...साथ-साथ ही निर्माण करते हैं, दादा!'

'काश, यह सब तुम लिख लेते, तड़ित!'

'लिख तो रहा हूँ, दादा!'

कभी नाव को कहीं बाँधकर या गुप्त ठिकाने पर बाँयें हाथ टेमी लालटेन थामे, कभी दो-दो मीटिंग के बीच के समय में उसका लेखन चलता रहा था! तेलंगाना से लेकर लालहाटी का इतिहास! सन् 1949 की अक्तूबर में लिखने की रफ़्तार तेज़ हो गयी। कम्युनिस्ट पार्टी की चौबीस-परगना जिला कमिटी ने वह पुस्तक 7.11.1949 में प्रकाशित की, 'दक्षिण-मंगलसीढ़ी' का एक वर्ष पूरा हुआ। मूल्य रखा गया, तीन आने। किताब की पृष्ठ संख्या 52 थी और हर पृष्ठ मानो आग उगलती हुई! वह किताब निषिद्ध घोषित की गयी, लेकिन उसे ग़ायब नहीं किया जा सका। झोले में, थैली में, नाव की दरार में, सब्जी के थैले में, धान की बोरी में वह किताब, खुद ही आने-जाने लगी। अपने चुनावी-क्षेत्र में इस किताब का प्रचार देखकर और उस किताब में उनके और काँग्रेस के सम्पर्क के बारे में, अनगिनत सच्ची हक़ीक़त पढ़कर, काँग्रेस सेक्रेटरी, चारूचन्द्र भंडारी बेतरह भड़क गये।

उन्होंने कहा, 'सब कुछ लिखना क्या ज़रूरी था? मैंने तो स्वाधीनता से पहले ही कह दिया था कि सांझा-खेती और खेत-मजूर, अहिंसा नीति नहीं मानते, गलत कर रहे हैं! अन्याय तो होगा ही। काँग्रेस के हाथों में स्वाधीनता, बस, आने ही वाली है। तब दुबारा मिलजुल जायेंगे। जमींदार-महाजन तो पिता समान होते हैं। उन लोगों के साथ मिल जुलकर नहीं रहे, तो भला चलेगा? कड़की के दिनों में खिलायेगा कौन? पार्टी?'

इस वजह से किसान-सांझा किसानों की आँखें और ज़्यादा खुल गयीं। यह बात तो वे लोग पहले से ही जानते थे कि जोतदार-जमींदार काँग्रेसी हैं। इन्हीं लोगों के हाथों ही हम लोग मारे जाते हैं। मौत से भी मर जाते हैं और बचे भी होते हैं, तो उस जीवन से मौत बेहतर होती है। उन लोगों ने आपस में बातचीत की—'काँग्रेस के हाथ में आज़ादी आने वाली है! तब तो, देखो, वे लोग ही आज़ादी का आम चखेंगे, हमें गुठली तक नसीब नहीं होगी। काफी लम्बे अर्से से 'कमनिस' पार्टी की कृषक समिति उन लोगों के साथ है। उन लोगों के आँख-कान खासे खुले हुए हैं! इसीलिए काकद्वीप थाने में स्वाधीनता-प्राप्ति दिवस में तिरंगा झंडा उड़ाया गया है। शसमल, सामन्त, मयरा, दिन्दा, अगस्ती—सभी की कचहरी-कचहरी में रुपैइय्यों के बंडल, फूलों की मालाएँ, मिठाइयों की हंडिया काँग्रेस नेताओं और श्रमिकों के घर जाते हैं।'

सांझा-किसानों के तमतमाये हुए चेहरों पर दृढ़प्रतिज्ञ भावों का जुलूस! तेभाग की लाड़ी जारी थी। उन लोगों का नारा था—

ये लड़ाई ज़मीन की लड़ाई।

ये लड़ाई धान की लड़ाई
ये लड़ाई जीने की लड़ाई

और सन् 1949 से पहले ही कचहरी-कचहरी में काँग्रेस दफ़्तर! नेता, ऊपरमहल के लोग, मंझोले स्तर के जोतदारों को लेकर काँग्रेस कमिटी! काकद्वीप थाने में 144 धारा! लालहाटी और सोनाखाली में स्थायी तौर पर पुलिस कैम्प स्थापित हो गया।

नारे! नारे! और नारे! निर्देश के तौर पर जो नारे गूँज उठे, वे थे—

—यह युद्ध पर्व, गृह युद्ध का पर्व!
—मंझोले किसान सुविधावादी!
—धनी किसान दुश्मन!

वैसे ये नारे बाद में आये।

तड़ित अपने गुप्त लेखन में 'काकद्वीप के तजुर्बे' लगातार लिखता जा रहा था। उसे लग रहा था—इन नारों का नतीजा बेहद आत्मघाती होगा। दुश्मन ही, हमारे युद्धक्षेत्र को किसी निर्दिष्ट, संकीर्ण इलाके में धकेले दे रहे हैं। अगर ऐसा ही चलता रहा, तो उन लोगों के मोर्चे को संकीर्ण करने में, हम सब असफल हो जायेंगे। नतीजा यह होग कि वे लोग ही बिखर जायेंगे। चक्रव्यूह का घेरा छोटा होता जा रहा है! भीतर हम लोग हैं, बाहर वे लोग!

मंझोले और धनी किसानों के नाम नारे और उन लोगों के प्रति बर्ताव! कृषक एकता में दरार पड़ जायेगी। हमारे नारे और कामकाज संकीर्णपंथी हो जायेंगे। आन्दोलन चोट खा जायेगा। किसान शायद पहली बार शक़ करेंगे और उन लोगों के बहुतेरे होमगार्ड विभिन्नता की संकरी राह में समा जायेंगे।

अगर ऐसा हुआ, तो वह आत्मघाती होगा। किसान आखिर कहाँ जायेंगे? वे लोग तो यहीं रहने को लाचार हैं।

सन् 1949-51 के बंगीय प्रादेशिक कृषक सभा में कोई खुला अधिवेशन नहीं हो पाया। सन् 1950 से ही कृषक सभा को निषिद्ध घोषित किया गया।

सन् 1949 में पार्टी की माँगें! लयालहाटी अब, 'लालहाटी'! वह मुक्त इलाका हो। वहाँ मजूर-किसान राज प्रतिष्ठित हो। इसी वर्ष प्रशासन ने जमींदार-जोतदारों पर भूमि-सेना तैयार करने पर ज़ोर डाला। लालहाटी का अचिन्त्य घोष, प्रशासन का मददगार बन गया।

सन् 1949 में ही मई-दिवस पर, रानीनगर में, मुक्त इलाके में मजदूर-किसान राज की प्रतिष्ठा की घोषणा कर दी गयी।

कृषक उत्साह से उद्दीप्त हो उठे। अब वे मुक्त फौज बन गये थे। अगस्त और सितम्बर के महीने में रानीनगर और राजनगर में काँग्रेस सेवादल और पुलिस

को, नये नैतिक बल से भरे-भरे, बलवान किसानों ने, आमने-सामने की लड़ाई में मात दी। इन सारी घटनाओं की कथाएँ लोकमुख के जरिये चारों तरफ फैल गयीं। आउल-बाउल-कीर्तनिया-वैरागी लोगों के गीतों में ये ख़बरें हर कुटिया में, शिशुओं का रोना बन्द करने, बच्चों को सुलाने के लिए, माँ-दादी-नानी के गीतों में समा गयीं।

मधु-गुरिया की माँ ने असीम ममता से कहा, 'रहे, गीतों में बनी रहे! सन् बयालिस के आँधी-तूफान का कहीं कोई चिन्ह नहीं। देखो, गीतों में झाँकों, सब मिलेगा।'

इस तरह दक्षिण-मंगलसीढ़ी, सोनाखाली भी 'गीत' बन गया।

जदुपति हालदार के सीने में कहीं, कोई तार टूटकर, टीसता रहा। जो ख़त्म हो जाता है, वही तो गीतों में संजोया जाता है। जैसे 'जूम' की खेती से, जले हुए जंगल की माटी की दग्ध छाती पर, किसी समय भीरू और नयी-नयी धार सिर उठाती हैं। 'काकद्वीप'! 'काकद्वीप'! क्या, कोई अध्याय शेष होनेवाला है? फिर ये 'गीत' क्यों?

सन् 1949 के भादों-आश्विन-कार्तिक से कालीपुर-लालहाटी-राजानगर युद्धक्षेत्र बन गया। मुख्य रूप से तड़ित और ब्रजेन माली उस युद्ध में सेनापति थे। यह भूखंड मुक्ति-संग्राम का युद्ध-मोर्चा बन गया। मुक्ति फौज अब 'लाल फौज' बन गयी। हथियारबन्द ये योद्धा, बंगाल के जनगण के खंड संग्रामों को जातीय मुक्ति संग्राम के उन्नत स्तर तक पहुँचा देगा। बंगाल को मालय और वर्मा के स्तर तक उन्नत करेंगे।

एक संकीर्ण भूखंड के कई हज़ार निरन्तर युद्धरत् किसान-सांझा-किसान-खेत-मजूरों ने क्या सम्यक् रूप से समझ सके थे कि कितनी बड़ी और महत्वपूर्ण जिम्मेदारी उन लोगों पर आ पड़ी है? वे लोग तो उस वक्त भी यह नहीं जानते थे कि पार्टी में भी कितने मतभेद और विरोध हैं? कोई 'सेक्टेरियन' होता जा रहा था, कोई 'सुधारवादी', कोई 'अति वाम'!

तड़ित को भी अपने स्तर पर यह जानकारी नहीं थी।

उसे तो बस, यह मालूम था कि पार्टी सच्ची है, उसके निर्देश भी सच्चे हैं। पार्टी इस संग्राम को सशस्त्र कृषक विद्रोह में परिणत कर देगी। लाइन और समर्थक लोग कलकत्ता में थे। दीपक चक्रवर्ती अगर, 'अति वाम' लाइन के पक्षधर हैं, तो तड़ित उसे वास्तव में बदल देगा। जदुपति हालदार की चेतावनी, मानो किसी तूफानी हवा में खो गयी।

सन् 1949 के आखिर में यह फैसला लिया गया कि कृषक गोरिल्ला-फौज आग्नेय-अस्त्र इस्तेमाल करेगी। पार्टी ने अपने नीति-परीक्षण-क्षेत्र में आग्नेय-अस्त्र और उसके इस्तेमाल के प्रशिक्षण के लिए, जयपाल सिंह को भेज दिया। मयमनसिंह

से मणिसिंह भी काकद्वीप का एक चक्कर लगा गये। सामने एक नक्शा! वह द्वीप नदी-झील-खाड़ी में विभक्त, एक संकीर्ण भूखंड था! पूर्व-पश्चिम में नदी! दक्षिण में सागर! चंद कुटीर, खेत! चंद ग्राम! थोड़ा-सा जंगल! काकद्वीप—एन एम्बरासमेंट फॉर इंडिपेंडेंट इंडिया! काकद्वीप—आज हिन्दुस्तान के लिए एक शर्म! प्रशासन जंगी बन गया।

—इसी भूखंड में किसान भी जंगी हो उठे!

काकद्वीप!

कार्यक्रम मुताबिक 15.12.49 से आन्दोलन जंगी हो उठा।

15.12.49 से 15.01.50 के बीच सतरह जगहों में कचहरियों में आग लगा दी गयी। सतरह घटनाओं में से सात जगहों पर गोलियाँ चलीं। पुलिस कैम्प पर हमला! दो बार पुलिस से गोलियों का आदान-प्रदान हुआ! चार लोग मर गये! नौ लोग ज़ख़्मी हुए!

सोनाखाली या दक्षिण-मंगलसीढ़ी तो अब युद्धक्षेत्र में रहा नहीं। सारी घटनाएँ लालहाटी पर केन्द्रित होकर, एक वृत में घटीं।

पुलिस, सरकारी अस्त्रों से सज्जित ग्रामरक्षक दल! जंगी फौज! चप्पे-चप्पे में तलाशी-अभियान चला और उस संकीर्ण भूखंड से चुन-चुनकर किसान गिरफ़्तार कर लिये गये।

काकद्वीप के किसानों का मनोबल टूट गया। वे लोग लौट आये! मगर वे लोग अपनी जगह दृढ़ रहे।

उन दिनों, पार्टी के साथ काकद्वीप का 'नो कम्युनिकेशन'! कोई सम्पर्क नहीं रहा।

काकद्वीप में काकद्वीप के निजी कारणों से कृषक-आन्दोलन शुरू हो गया।

सन् 1948 में द्वितीय पार्टी काँग्रेस के बाद, सोवियेत निर्देश पर ही जंगी संग्राम की नीति की शुरुआत हुई।

सन् 1950 की 27 जनवरी! प्रावदा का सम्पादकीय—'फॉर ए लास्टिंग पीस!' फॉर ए पिपुल'स डेमोक्रेसी के माध्यम से अन्तर्राष्ट्रीय निर्देश आया। नहीं, क्रान्ति नहीं, कृषि-क्षेत्र में सुधार चाहिये। साम्राज्यवाद और उनके सहयोगी, वृहद पूँजीपति और सामन्त प्रभुओं के विरुद्ध लड़ाई में, भारत की जातीय स्वाधीनता रक्षा के लिए आग्रही 'समस्त श्रेणी, समस्त दल; समस्त पार्टी और संगठन में' एकता ज़रूरी थी। इस राजनीति में 'सशस्त्र अभ्युत्थान' के लिए कोई जगह नहीं थी; नेहरू सरकार को परेशान करने की कोई गुंजाइश नहीं थी यानी दो वर्षों से पार्टी जो लाइन अनुसरण कर रही थी, वह शुरू से अन्त तक ग़लत थी!

यह सम्पादकीय काकद्वीप-संग्राम के लिए मातमी-अभिलेख था और अहिंस, स्वाधीन भारत के प्रजातंत्र की सशस्त्र फौज—पुलिस, पश्चिम बंगाल के काँग्रेसी

लाटदार-जमींदार-जोतदार—उन लोगों द्वारा रचित, रक्षा-फौज, काँग्रेस सेवादल, होमगार्ड, मुखौटों का छलावा उतारकर मैदान में डट गयी।

काकद्वीप पर यवनिका उतर आयी। गण-गिरफ्तारी जारी रही। झुंड-झुंड किसान गिरफ़्तार होते रहे। नेताओं को अंडरग्राउंड होना पड़ा। तड़ित विच्छिन्न! विभ्रान्त! खून में लथपथ!

अंडरग्राउंड में रहते-रहते ही उसे निर्देश मिला—'हर मीटिंग प्रसंग में, सभी हमलों और अग्निसंयोग प्रसंग में, पुलिस पर हमलों में और गोलियाँ चलाने में, तुम्हारा ही नाम दर्ज है!

लेकिन, तड़ित, तुम्हारी तस्वीर कहीं नहीं है। किसान, बहुत-से जंगी किसान, समिति-कर्मी फ़रार हैं। तुम अंडरग्राउंड में रहने को मजबूर हो, तड़ित, यह पार्टी का निर्देश है। अगर तुम पकड़े गये, तो तुम्हें फाँसी से नहीं बचाया जा सकेगा। इन लोगों को भी फाँसी होगी।'

जो तड़ित यहाँ आया था, लौटकर वह नहीं गया। जो तड़ित लौटकर गया, वह जन्मान्तरित दीर्ण-विदीर्ण क्षमाप्रार्थी तड़ित था। उसने काकद्वीप से बेईमानी की है, इस अहसास का शव-भार वह अपने दिल में लादकर ले गया।

किसानों के अलावा, उसका चेहरा फिर किसी ने भी नहीं देखा।

उन दिनों सरकार ने उसके सिर के लिए, ढेरों रुपयों का पुरस्कार घोषित कर दिया।

जिससे उसका कोई मेल नहीं था, ऐसे-ऐसे बयानों पर आधारित, पुरस्कार की घोषणा करते हुए इश्तेहार देखते-देखते, वह कलकत्ता आ पहुँचा।

अंडरग्राउंड!

समूची नीति महज एक भूल थी, यह कबूल करने के बजाय, जो शख़्स पार्टी के निर्देश पर अंडरग्राउंड होने को मजबूर किया गया, बड़े कौशल और धूर्तता से उसी पर सारा इल्ज़ाम थोप दिया गया।

प्रकाश बोस 'खतरनाक' ट्रॉटस्कीपंथी एजेंट है! प्रकाश बोस, जदुपति हालदार—इन्हीं लोगों की हठवादी 'अति वाम' नीति ने ही काकद्वीप आन्दोलन की पीठ पर छुरी घोंप दी।

काकद्वीप में प्रचार किया जाता रहा—किस शख़्स पर विश्वास किया था तुम लोगों ने? वह शख़्स पार्टी के हज़ारों-हज़ार रुपये हजम करके, तुम लोगों को धोखा देकर, भाग गया।

सशस्त्र जंगी उत्थान करने की हिदायत देकर, जिस पार्टी ने प्रकाश को भेजा था, जिस पार्टी ने उस नीति का प्रत्याहार किया, जिस पार्टी ने प्रकाश को अंडरग्राउंड रहने को विवश किया, उसी पार्टी को कहना पड़ा कि प्रकाश बोस 'चोर' है! वह 'ट्रॉटस्कीपंथी' है! ये सारी घटनाएँ घटती रहीं। लेकिन, प्रकाश तो पार्टी का चिरस्थायी सेनानी था।

अंडरग्राउंड!

अन्यान्य लोगों के साथ-साथ प्रकाश भी अंडरग्राउंड रहने को मज़बूर था। टालीगंज, बेहाला, बांसद्रोणी, कूँदघाट, बड़िशा, सर्षेपाड़ा—कलकत्ता के दक्षिण से धुर दक्षिण तक, वह आज यहाँ, कल रात वहाँ, अगले दिन और कहीं!

तड़ित के नाम रुपयों की चोरी का आरोप था। प्रकाश के बैग में ढेरों रुपये थे। पार्टी के लिए, इन लोगों की निगरानी या देखभाल सम्भव नहीं थी। उपवास, आधा पेट आहार, अनाहार! प्रकाश समझ चुका था, तड़ित ने अभी भी उस पर दख़ल जमा रखा है।

अन्तर्राष्ट्रीय-गाइडलाइन आने के बाद, सन् 1951 में पार्टी का जो विशेष अधिवेशन हुआ, जिसमें 'हठवादी अति वाम' लाइन की आलोचना करते हुए, सटीक मार्ग-निर्देशन की चर्चा की गयी, उससे पहले ही उसने अपनी कृति पूरी कर ली।

तड़ित शायद साइकिक हो गया था, वर्ना जिसकी आलोचना की जानेवाली थी, उसने यह बात पहले ही कैसे लिख डाली? असल में काकद्वीप ने उससे लिखवा लिया।

उन दिनों भी बस्ती-बिरल, झोंप झाड़, पोखर, दरिया, घास, छोटे-छोटे सब्ज़ी-बागान, दूर ग्रामीण इलाके में, टेमी की रोशनी में, चटाई पर बैठे-बैठे, वह लिखता रहा और अपनी कृति पूरी की।

एक और भगोड़ा था—हारान! काकद्वीप वह हाल ही में पहुँचा था। कछुए के खोल से उसका पाँव कट गया था और उसमें ज़हर भर गया था। वह दाँत पर दाँत जमाये, बस, लेटा रहता था।

कहीं, किसी पेड़ की पत्ती तक हिलती थी तो उसे लगता था कि शायद पार्टी ने किसी को भेजा है। उसके लिए शायद 'शेल्टर' का इन्तज़ाम किया गया होगा।

वहीं, एक दिन, अपने गमछे में चावल और आलू बाँधे, जदुपति दादा आ पहुँचे।

उन्होंने जुबान से और कुछ नहीं कहा बस, यह कहा, 'ये दवाएँ रखो।'

थोड़ा ठहरकर उन्होंने जुबान खोली, 'मुझ पर तो केस ठोकेंगे ही। मामला काफी सजा लिया है। काफी तोड़-जोड़ चल रही है। तुम्हें इससे अलग ही रहना होगा। अगर तुम पकड़े गये, तो सभी को फाँसी हो जायेगी।'

'अगर उस वक्त...वे लोग...आपकी बात सुनते...'

'छोड़ो वे सब बातें!'

'काकद्वीप में...किसकी...क्या ख़बर है, दादा?'

'वहाँ श्मशान का सन्नाटा पसरा हुआ है, जिसे कहते हैं—हाहाकर मन्दोदरी! ब्रजेन! वह भी बकरवाली में पकड़ा गया। झुंड के झुंड लोग पकड़े गये। लेकिन, उन लोगों को तो तुम जानते हो। बरदाकान्त किसी हाल में भी माननेवाला जीव नहीं था। वह कहता रहा—वाम-हठवादिता कैसी? मैं किसान बच्चा हूँ। मैंने जो

किया, ठीक किया।'

'अगर केस हुआ...तो वे लोग ज़रूर...'

'खैर, पार्टी...ज़रूर देखेगी। लेकिन राष्ट्र बनाम हमारा केस चलेगा, तो...'

'आप जा रहे हैं?'

'रुकने का उपाय कहाँ है?' हारान का पाँव तो...'

जदुपति दादा चले गये। शाम को चप्पल की छपू-छपू करती हुई, बकुल आ पहुँची। जुबान से कुछ कहे बिना, उसने हारान को इंजेक्शन दिया। उसने यह हिदायत भी दी कि माँसपेशियों में इंजेक्शन, कल और परसों मैं दे दूँ।

उसने घाव का मवाद निकाला, घाव साफ़ किया और बैंडेज बाँध दिया।

उसने कहा, 'लगता नहीं कि अब यह घाव और खराब होगा। मैं चलती हूँ।'

'क्या कहूँ मैं?'

'आप क्यों, कुछ कहेंगे? लीजिये, ये रखिये।'

कपड़े धोने का साबुन, नहाने का साबुन, गमछा, एक शीशी कार्बोलिक ऐसिड!

'यहाँ साँपों का उत्पात तो है ही!'

'हाँ, सो तो है! प्रायः रोज ही दर्शन हो जाते हैं। दिख जाते हैं, तो मारना भी पड़ता है।'

'हाँ, मनोज से सुना है! उससे जेल में भेंट हो जाती है! हम सबको...आप पर...गर्व है।'

बकुल चली गयी।

प्रकाश समझ गया, जदुपति दादा ने ही उसे भेजा है। प्रकाश, तड़ित के पास लौट गया या तड़ित ही उसकी राह देख रहा था। वह उसके अन्दर आकर बैठ गया। जदुपति दादा और बकुल के आने से, प्रकाश के मन को मानो संवेदना का स्पर्श मिला। ऐसा ही तो होता है—कॉमरेड जैसा आचरण! उसे ब्रजेन का एक जुमला याद आने लगा।

उसने कहा था, 'तुम जहाँ भी रहो, सही-सलामत रहो, जीते रहो। अभी तुम पर इतने सारे जीवन की जिम्मेदारी है। अगर तुम पकड़े गये, कॉमरेड, तो सबके सब जान से जायेंगे, सब मरेंगे! अगर तुम जीते रहे, तो शायद दुबारा...'

'फिर दुबारा, ब्रजेन?'

'अरे, भइया, लड़ाई में तो हार-जीत लगी ही रहती है। और...पार्टी भी क्या भूल जायेगी? तुम फिर आओगे—'

ना, मन के अन्दर बेभाव 'अर्जेन्सी' जाग उठी। बेभाव हड़बड़ाहट! चाहे जैसे भी हो, अपना लेखन या रिपोर्ट पूरी करनी होगी। वह बंगला में ही लिखेगा। पेन्सिल से लिखने के अलावा और कोई उपाय नहीं था। अधिवेशन में एक 'फील्ड-रिपोर्ट' भी रहना चाहिए।

तड़ित ने सब...स-ब लिखा था। लगातार 'शेल्टर' बदलते-बदलते, वह लगातार लिखता रहा। काकद्वीप और सुन्दरवन का भौगोलिक परिचय, भूमि-व्यवस्था, किसान-सांझा खेती-खेत-मजूरों की हालत, जमींदार-लाटदारों की सहस्त्रमुखी शोषण व्यवस्था, किसान-सभा का प्रवेश और संगठन, आन्दोलन का सालवार विवरण! इसके अलावा, पार्टी-निर्देशित राह की भूल-त्रुटि, जिसने किसानों को क्षतिग्रस्त किया! इस बारे में भी लिखा। आन्दोलन की रफ़्तार के साथ क़दम मिलाकर, पार्टी को एक यथार्थ जनगण की पार्टी क्यों नहीं बनायी जा सकी, उसने इसकी वजह भी लिखी। किसान चाहते थे कि वे लोग 'तेलंगाना' के कौशल और तजुर्बा सीखें, फिर भी पार्टी ने कैसे गण प्रतिरोध के नाम पर तैयारी-विहीन जनगण को पार्टी के आमने-सामने उछाल दिया, पार्टी की नीतियों की अवास्तविकता और प्रयोग की सामग्रिक व्यर्थता, दुश्मनों का संकट और आक्रमण, काँग्रेस और कम्युनिस्ट! जनगण चाहता था—पार्टीजन युद्ध और व्यक्तिगत् संयासवाद! गण-आन्दोलन की अहमियत, रूपरेखा प्रोग्राम के आधार तक, पहुँचने को उसने पार्टी से आग्रह किया था।

तड़ित वर्तमान विच्छिन्न स्थिति से बाहर निकल आना चाहता था। दीर्घ, दीर्घ तीखी समीक्षा-रिपोर्ट पूरी करने के बाद, अन्त में उसने दस्तख़त कर दिया—'तड़ित!'

यह अनुरोध किया गया कि पार्टी के विशेष अधिवेशन में यह रिपोर्ट पढ़ी जाये—कॉमरेड चक्रवर्ती को भी यह भेजी जाये, ताकि मूल बंगला से इसका यथावत् अनुवाद किया जा सके।

रिपोर्ट का अनुवाद किया गया। मूल बंगला और हाथ से लिखा गया अंग्रेजी अनुवाद, प्रकाश के तीसवें हाइडआउट में वापस लौट आया।

उतने दिनों में मालती उसके पास आ खड़ी हुई। सन् 1950 और 1951 प्रकाश की सिर्फ दारिद्रय, दुःख, अनाहार और बीमारी की कहानी बनकर रह गयी।

मालती ने कहा, 'सुनो, बैग सिर के नीचे रखकर सोना! कसकर पकड़े रहना!'

'मैं यह सुपुर्द करके जाऊँगा, मालती! सभी लोग मुझे चोर समझते हैं या नहीं, पता नहीं! लेकिन फिर भी, यह बोझ मुझे उतारना ही होगा।'

'तुम्हें सलकिया ले जाऊँगी। मैंने किराये पर घर ले लिया है।'

'किराये पर? लिया कैसे?'

'तुम्हारे बप्पा के पास गयी।'

'बप्पा के पास?'

'हाँ! तुमने क्या सोचा? वे मुझे दुत्कार देंगे? तुमने उन्हें समझा नहीं!'

'मेरी दादी? और मेरी माँ?'

'बप्पा ने रुपया दिया। दादी ने मेरे ही गहने निकालकर दे दिये। बप्पा और दादी ने कहला भेजा है कि तुम जहाँ भी रहो, कुशल रहो।'

प्रकाश को मालती धीरे-धीरे सलकिया में हटा ले गयी।

उसने कहा, 'अब पार्टी का निर्देश आयेगा। काकद्वीप का मामला ट्रिब्युनल में जायेगा। तुम्हें यहाँ नहीं रखा जायेगा।'

'इससे पहले, कुछेक काम करने हैं—'

प्रकाश ने प्रादेशिक पार्टी ट्रेज़रर के अब्दुल हलीम को रुपयों का बैग सुपुर्द कर दिया और सारा हिसाब-किताब समझा दिया। प्रकाश की सच्चाई और ईमानदारी की बात, हलीम ने एक पत्र में स्वीकार किया—जिस वक्त एक-एक रुपया एक-एक लाख रुपये की तरह अनमोल और दुर्लभ था। प्रकाश अरवी की लतर-साग-पत्ते उबाल-उबालकर खाते रहे। उन्होंने एक रुपया भी ख़र्च नहीं किया।

निर्देश आया कि पत्नी समेत, वे चिरिखेरा या मध्य प्रदेश चलें जायें। देवल राइ और मालती राइ!

जाने से पहले, जितने सब कागज-पत्तर थे, तड़ित की कृति, हलीम का पत्र, पार्टी द्वारा भेजे गये गुप्त पत्र—सारा कुछ उन्होंने जला डाला।

उन्होंने मालती से कहा, 'प्रकाश भी नहीं रहा! तड़ित भी नहीं रहा यह मेरा 'विरजा होम' है, मालती, नया जन्म! मैं अपने पूर्वजन्म का दाह-संस्कार और श्राद्ध पूरा करके जा रहा हूँ।'

'तुम क्या संन्यासी हो जाओगे?'

'गेरुआ वस्त्र में, भारत में किसी भी जगह ठाँव लिया जा सकता है। गेरुआ रंग का मेरा धोती-कुर्ता, तुम्हारी साड़ी...मैं बस, इतना जानता हूँ कि बिलासपुर से मुझे ट्रेन बदलना है। किसी ए पी सी मिल से संलग्न कुली-बस्ती में रहूँगा। सुनो, हिन्दी प्राइमर ख़रीद लो, ट्रेन में पढ़ते-पढ़ते जाऊँगा।'

'तुम पढ़ पाओगे?'

'तुम साथ हो, तो मैं सबकुछ कर सकूँगा। अगर ज़िन्दा रहा...तो आगामी दिनों में किसी दिन...इसी काकद्वीप में लौटूँगा। देखूँगा कि तड़ित को वे लोग क्या समझते हैं, दोस्त या दुश्मन?'

गंगासागर का तीर्थ पूरा करके जैसे तीर्थयात्री लौटते हैं, उन्हीं लोगों की तरह, एक दम्पति, हावड़ा में, ट्रेन के तीसरे दर्ज़े में सवार हो गये। देवल राइ की आँखों में, काफी-काफी वर्षों बाद, ग़जब की नींद उतर आयी। ऐसी सुखद और निश्चिन्त नींद, जो बीच-बीच में टूट-टूटकर, चौंकाती नहीं! 'कॉमरेड' कहकर, कोई किसान, धीमी आवाज़ में कोई गुप्त संवाद नहीं देगा। अब, एकाएक उछलकर, कच्ची पगडंडियों से बेतहाशा दौड़ते हुए, हमले के शिकार किसी गाँव की ओर नहीं जाना पड़ेगा।

ट्रेन उसे लेकर आगे बढ़ चली! प्रकाश बोस, तड़ित को पीछे छोड़ गयी।

पहला चुनाव आनेवाला था!

काकद्वीप-चुनाव आ रहा था!

काकद्वीप उस निर्वाचन में अपना वोट कैसे डालेगा, जब हर गाँव पुलिस के रजिस्टर में चिन्हित है?

मालती ने कहा, 'खिड़की से ज़रा पीछे देख लो, जो कुछ छोड़े जा रहे हो।'

मालती की आवाज़ काफी धीमी थी। उसने अपना हाथ उसके हाथ पर रख दिया।

'हाँ, देख रहा हूँ—'

उनकी आँखें खिड़की के बाहर गड़ी रहीं! बड़तली और सप्तमुखी नदी! सैकड़ों संकरी-संकरी धाराएँ! धान-खेत! ब्रजेन-सतीन-सुदेव-पाखरीवाला, विनोदिनी—कितने-कितने चेहरे, तड़ित हाथ हिलाता हुआ! खाकी हाफपैंट, नंगे बदन, तराशे हुए बाल, पाँव माटी में धंसे हुए—तड़ित!

'मैं आऊँगा! फिर आऊँगा!'—वे मन ही मन बुदबुदा उठे।

5

3.9.1987

उन लोगों ने शाम चार बजे, देवल राइ को मंच पर प्रस्तुत किया। वे लोग जानते थे, सन् 1975 तक वे दिन में चौदह-पन्द्रह घंटे, पार्टी का कामकाज किया करते थे। सन् 1975 में मालती को अचानक दिल का दौरा पड़ा और उन्होंने दम तोड़ दिया। इसके कुछ ही दिनों बाद देवल राइ को सेरिब्रल स्ट्रोक हुआ! दूसरे स्ट्रोक के बाद से ही वे शारीरिक तौर पर अक्षम और लाचार हो गये। उन्हें पहले बोलने दिया जाता, तो बेहतर होता—यह बात जनकलाल ने दो-एक बार कहना भी चाहा, मगर उनकी ओर किसी ने ध्यान नहीं दिया, क्योंकि बहुतेरे वक्ता वहाँ मौजूद थे और मंच पर माइक छीनने की कोशिश में, थोड़ी-बहुत धक्कम-धुक्की भी हुई।

आठ बजे से ही देवल राइ बार-बार पसीना पोंछते रहे और मेज़ पर पड़ी, गहरी प्यास के मारे, मलाई की पर्त पड़ी, ठंडी चाय पी गये।

करीब साढ़े नौ बजे, जनकलाल उनके पास आये।

उन्होने कहा, 'चलिये, काँमरेड जी!'

खड़े होने की कोशिश में देवल राइ ने मेज-कवर को कसकर जकड़ लिया और थर-थर काँपने लगे! वे काँपते रहे...काँपते रहे।

अगले ही पल, भयंकर चीत्कार से मंच तक को कँपाते हुए, वे बेहोश होकर गिर पड़े, मानो पहाड़ से भूस्खलन हुआ हो, पहाड़ ढह गया हो!

पूरे ऑडिटोरियम में हो-हल्ला और हलचल मच गयी। ग्रामवासी चींखते रहे—देवल राइ! देवल राइ!

डॉक्टर मनोहरलाल ने कहा 'माधपुर!'

एम्बुलेंस नहीं मिली। बड़ी मारुति वैन में देवल राइ को लिटाया गया।

मनोहरलाल ने हिदायद दी, 'जनकलाल, आनन्द, तुम दोनों साथ चले जाओ।'

—उनका बेटा?

—कोई उनके घर चला जाये! देर न करे। गाड़ी को निकल जाने दो। बेटा किसी और गाड़ी में चला जायेगा।

रात ढाई बजे-माधपुर!

रात साढ़े तीन बजे, देवल राइ का निधन हो गया।

बिलासपुर से प्रबाल को साथ लेकर, मनोज दिन के ग्यारह बजे आ पहुँचा।

दोपहर एक बजे, लाल झंडे में लिपटे, गले-कान-नाक में रूई ठूंसे, देवल राइ, ट्रक में चिरिखेरा के लिए रवाना हुए!

ट्रक सीधे श्मशान नहीं ले जाया गया।

खेड़गाँव, बन्दाचिकी, हेसला, ए पी सी मिल श्रमिकों का ए आई टी यू सी यूनियन का छोटा दल, पूर्व-चिरिखेरा के लोग-बाग़ दौड़ते हुए आ पहुँचे।

—चार बजे से बिठाये रखा था।

—कैसे जीत पायेगा, धीरज?

—बहुत धोखा भया कॉमरेट जी के साथ...

नेताओं को अविचल रहना पड़ा। प्रबाल बिलकुल अन्दर से ही अविचल था। वह अपने बप्पा की पार्थिव देह पर हाथ रखे, बैठा रहा घर के करीब धूलि-धूसर और टूटी-फूटी रेलिंग से घिरे चिल्ड्रेनूस पार्क के सामने ट्रक रोक दी गयी। नीचे एक खटिया बिछा दी गयी थी। बहरहाल, श्मशान तक बहुत कम नेता ही पहुँचे।

प्रबाल और कमली अन्त तक निश्चल खड़े रहे। चिता बुझ आयी।

कमली ने कहा, 'बप्पा क्यों गये? उन्हें इतना प्रेशर था।'

प्रबाल ने धीमी आवाज़ में जवाब दिया, 'पार्टी का...हुक्म...'

मूर लोग इसी तरह मर जाते हैं! ऐसा ही होना था! ऐसा ही होता है।

❑ ❑